Beni Bischof
Texte
1

Beni Bischof
Texte
1

Kunstmuseum St.Gallen
Edition Patrick Frey

Inhalt / Contents

Texte / Texts

Best Pizza,
Best Value.

Die Viererkette muss kompakter stehen!

Jack Torrance: [chasing Danny with an axe]
Danny! Daddy's home!

Let there be More Hot Cheetos, and there was More Hot Cheetos. Alex saw that the More Hot Cheetos was good, He send it to you as a gift for Cheetos Day. And happy Cheetos Day.

Sitzen zwei U-Boote im Kino.
Da kommt ein Panzer herein.
Sagt das eine U-Boot zum anderen:
«So ein Quatsch! Ein Panzer im Kino!»

All You See Is King Puper

Pizza ... the way it oughta be.

Das Bild passt doch gar nicht in die Ausstellung für abstrakte Kunst? Die Landschaft wirkt ja ganz natürlich. Stimmt, deshalb ist es ja auch kein Bild, sondern ein Fenster.

Der
Sinn des
Lebens

Sagt die eine: «Ich habe gestern einen Schwangerschaftstest gemacht.»
Darauf die andere: «Und, waren die Fragen schwer?»

Haltet den Dieb,
er hat mein Messer im Rücken!

Nachts ist kälter
als draussen.

Nayara Springs,
La Fortuna,
Costa Rica

Saufen! Saufen! Saufen!
Jeden Tag nur saufen!

People are awesome.

Nur Arschlöcher mögen Arschkriecher.

Come to where the flavour is.

I got the Rushkinoff cough

What did the banana say to the ape?
Nothing, bananas don't talk!

Mein Therapeut ist ein Psycho!

Ich mag es, zu glauben. Ich glaube an all diese irischen Mythen, wie Kobolde. Wir sollten alle an Kobolde glauben. Ich glaube an Aliens!

Im Jahr 2007 mussten thailändische Polizisten, die sich kleinere Ordnungsvergehen (wie etwa Zuspätkommen und andere) zuschulden kommen liessen, jeweils einige Tage lang eine rosa Hello-Kitty-Armbinde tragen, was den Charakter einer Disziplinarmassnahme besass.

Start to dance and we'll put you in the trance
Start to dance and we'll put you in the trance
Start to dance and we'll put you in the trance
Start to dance and we'll put you in the trance
Start to dance and we'll put you in the trance
Start to dance and we'll put you in the trance
Start to dance and we'll put you in the trance
Start to dance and we'll put you in the trance

It's not delivery, It's DiGiorno.

Glücksschwein. War früher ein Symbol
für Wohlstand und Reichtum und hat
seine Besitzer glücklich gemacht.

Bad Andy, Good Pizza.

Frie Leysen: «Ich hasse gute Ideen!»

Alien Trespass

Ein Astronom wird von einem freundlichen Alien besessen, welches unseren jämmerlichen Planeten retten will. Aber sogar mit der Hilfe einer schönen Kellnerin aus dem Diner ist es fraglich, ob er sich dem Gotha, einem einäugigen Alien-Monster, erfolgreich stellen kann.

Es gibt Dinge, über die rede ich nicht einmal
mit mir selbst.

Visual artists are easily inspired.

Hollywoodstars at War!

After a few months in my parents' basement, I took an apartment near the state university, where I discovered both crystal methamphetamine and conceptual art. Either one of these things are dangerous, but in combination they have the potential to destroy entire civilizations.

Du bist so süss, ich lieb dich sehr, dich nicht zu sehen fällt mir schwer. Pass auf und denk an mich, denn du musst wissen, ich liebe dich!

Columbia
Challenger
Discovery
Atlantis
Endeavour

Boss at Macho and Her Gun.

Dumbs Jokes &
Vulgar Poems.

Alles günstig, immer günstig,
Hand drauf!

Verkaufe Restposten Hip-Hop-Sachen sehr günstig; verkaufe auch noch ein sehr schönes Fuchsfell und einen ausgestopften Leopardenkopf. Preisabsprache. 079 483 80 20

Fuck me if you can

Bruce Gernon is the only person in the world to witness what creates the Bermuda Triangle.
Others have seen parts of this phenomenon and some have seen it but vanished. Gernon is the only one to see this from its birth stage through its mature stage and enter the heart of the Timestorm and escape through a Tunnel Vortex and experience a time warp of 30 minutes forward in time and 100 miles forward in space.

Stromausfall.
In der Wohnung des Nachbarn
spielt jemand Klavier.

Schweiz
In der Schweiz wurden im Jahr 2005 550.505 Tiere zur Verwendung in Versuchen getötet, unter anderem 361.693 Mäuse, 136.657 Ratten, 10.818 Fische, 6.488 Kaninchen, 6.757 Vögel, 3.071 Hunde, 409 Katzen und 408 Affen. Ursache der vergleichsweise hohen Zahl ist die Bedeutung der Schweizer Pharma- und Chemie-Industrie.
Zum Vergleich: 1985 wurden in der Schweiz 170 Pferde, 690 Katzen, 705 Rinder, 736 Affen, 1.386 Schafe und Ziegen, 1.525 Schweine, 3.096 Hunde, 4.531 Amphibien und Reptilien, 20.396 Vögel, 34.608 Fische und 1.489.000 Ratten, Mäuse, Hamster und Meerschweinchen getötet, insgesamt damit 1.556.843 Tiere.

Penetration Hard Targets

Du hast Zähne wie die Sterne am Himmel,
so gelb und so weit auseinander.

Congo Bongo Drums

Jason Williamson is the frontman of Sleaford Mods.

Diskutiere niemals mit jemandem,
der 3 Liter Vorsprung hat.

Check My Brain

1. Das Opfer sieht zunächst eine ungewöhnliche Himmelserscheinung, oft ein strahlend helles Licht, das schnell grösser wird. Bei einigen wenigen Entführungen sahen auch Personen, die nicht betroffen waren, zur gleichen Zeit ein ungewöhnliches Phänomen am Himmel.

2. Eine Art Wechsel des Bewusstseinszustands, der insbesondere durch ein Gefühl des zunehmendes Verlusts von Willenskraft und Empfindungsvermögen sowie körperliche Lähmungserscheinungen gekennzeichnet ist.

3. Wie aus dem Nichts erscheinen fremdartige Gestalten, die dem Opfer mit unbekannten Methoden Willenskraft und Empfindungsvermögen rauben.

4. Durch diese Gestalten oder durch eine Art Lichtstrahl (Traktorstrahl) wird das Opfer in ein Raumschiff gebracht, wo es sich in einem hell erleuchteten, oftmals mit fremdartigen Maschinen angefüllten Raum wiederfindet.

5. Hier wird das Opfer auf einer Art Tisch oder Bett fixiert und verschiedenen, meist sehr schmerzhaf-

ten Untersuchungen und/oder Experimenten unterzogen: Es werden Blut und Gewebeproben entnommen, dünne Sonden in verschiedene Körperöffnungen oder durch die Haut eingeführt, manchmal Implantate wie z.B. Mikrochips eingesetzt.

6. Das besondere Interesse gilt dabei regelmässig dem Fortpflanzungsapparat der Entführten. Sperma und Eizellen werden entnommen – in einigen Fällen kommt es zu sexuellen Interaktionen zwischen Mensch und menschenähnlichem Ausserirdischen. Frauen werden manchmal befruchtete Eizellen eingesetzt, die Föten werden bei einer späteren Entführung wieder entnommen.

7. Während aller Experimente fühlen die Opfer sich von aussen kontrolliert. Sie erfahren sich, auch wenn sie nicht mechanisch fixiert sind, als hilf- und wehrlos.

8. Am Ende der Untersuchungen werden entweder die Erinnerungen an die Ereignisse gelöscht oder der Verstand der Opfer wird so manipuliert („programmiert"), dass sie nicht über ihre Erlebnisse sprechen können.

9. An den Rücktransport zum Entführungsort (seltener an einen anderen Ort) gibt es meistens keine Erinnerung.

For Digestion's Sake –
Smoke Camels

Quints Rede (gekürzte Version): [...] Das Schiff sank in nur zwölf Minuten. Elfhundert Mann mussten ins Wasser. Nach einer halben Stunde war der erste Hai da – Tiger, dreieinhalb Meter lang. Ich sag Ihnen, wie Sie das im Wasser abschätzen, indem Sie von der Rückenflosse zum Schwanz schauen. Wir wussten das nur nicht. Beim ersten Tageslicht gingen die Haie auf Raub aus, also formierten wir uns im Wasser zu grösseren Gruppen. [...] Wir dachten, wenn der Hai deinen Nebenmann angreift, dann fängt der an zu brüllen und zu strampeln, es kann sein dass der Hai dadurch ablässt. Aber meist lässt er sich nicht vertreiben, manchmal sieht dich so ein Hai richtig an. Und da ist etwas Eigenartiges an ihm: Er hat leblose Augen, böse dunkle Totenaugen. Wenn du ihm in die Augen siehst, dann denkst du er lebt nicht, bis er dich beisst. Diese bösen, dunklen Augen rollen herum, bis sie ganz weiss sind und dann hörst du dieses furchtbar schrille Gebrüll und die See färbt sich rot. Ob du da nun brüllst und schreist, sie kommen, erbarmungslos und reissen dich in Stücke.

«Jihad journalism» mit US-Milliarden

Horse walks into a bar.
Bartender says,
«So. Why the long face?»

Lisa findet: Scheiss auf Mathe.

Die Schweiz braucht Philosophen.

The life of a designer is a life of fight.
Fight against ugliness.

I've got money to spend
Time to waste
Come on baby, let's get straight
Just me and you, that's all
We two can really have a ball

Chorus
I'm a crazy lover

Ich bin zur zeit im Ausland und habe meine Tasche verloren samt Reispass und kreditkarte. Die botschaft ist bereit, mich ohne meinen Pass fliegen zu lassen. Ich muss nur noch für mein ticket und die hotelrechnungen zahlen. Leider habe ich kein Geld dabei, meine kredit karte könnte helfen aber die ist auch in der Tasche. Ich habe schon kontakt mit meiner Bank aufgenommen, aber sie brauchen mehr zeit, um mir eine neue zu schicken. Ich wollte dich fragen ob

du mir ein bisschen Geld so schnell wie möglich leihen kannst. Ich gebe es dir zurück sobald ich da bin. Ich muss unbedingt den nächsten Flug bekommen. Du kannst mich durch e-mail oder durch die Hotel Reception erreichen kann unter die nummer +4470740311. Ich warte auf deine Antwort ...
Käthi Keller

Fist bumping first appeared in America in the 1940s, as black biker gangs were becoming popular in southwestern areas of the United States. Motorcyclists sitting next to each other at traffic lights would be unable to perform a proper handshake, due to riding stance, so a quick bump of closed fists was an easier way to greet a fellow rider at a stop.

Say it Loud, I'm Black AND I'm Proud!!!

Bochum macht jung

Natötterli, natötterli,
ech be de Tokter Götterli.

If a book about failures doesn't sell,
is it a success?

Boycott
Misery
Get
Informed

Ein Kühlschrank verbraucht wesentlich
weniger Strom wenn man den Stecker rauszieht.

Dance, dance, dance like you're having a seizure.
Epileptic Techno, Epileptic Techno
Oooh no not having a seizure
Epileptic Techno, Epileptic Techno
Dance, dance, dance like you're having a seizure
Epileptic Techno, Epileptic Techno
Oooh no not having a seizure
Epileptic Techno, Epileptic Techno

Miley Cyrus' Instagram ist besser als alle
Kunstmuseen dieser Welt zusammen!

At night he fell.

Carlos DeLuna
Henry McCollum
Leon Brown

Jack Torrance: Little pigs, little pigs, let me come in.
Not by the hair of your chiny-chin-chin?

Well then I'll huff and I'll puff, and I'll blow your house in. [axes the door]

Weint um mich!
Weint ruhig um mich,
denn eure Tränen tragen mich.
So mancher bittet, wenn er für immer geht,
dass man um ihn nicht weine.
Weint um mich, sage ich.
Denn vergossen sind eure Tränen nicht!
Sie tragen mich.
Tragen mich in Gedanken durch meine Kindheit.
Auf einem Rinnsaal von Wehmutstränen
winke ich der Mutter, dem Vater, der Heimat zu.
Danke rufe ich.
Eure Tränen tragen mich.
Tragen mich in Gedanken durch meine Jugendzeit.
Geborgen auf einem Bach von Liebestränen
blicke ich auf die Ereignisse,
die verletzten und auf die Momente des Glücks.
Eure Tränen tragen mich.
Zum Fluss geworden tragen sie mich
durch die Erinnerungen meines Erwachsenseins.
Trauertränen bewahren die Erfahrungen der Liebe,
besänftigen die Zeiten des Schmerzes.
Danke rufe ich.
Weint ruhig um mich!
Zum Strom vereint
tragen eure Tränen mich sanft weiter.
Ich ahne schon die endlose Weite des Meeres.
Hoffnungstränen begleiten mich in die Ewigkeit.

Weint sie, die Wehmutstränen,
die Liebestränen, die Trauertränen.
Vergesst die Hoffnungstränen nicht.
Sie tragen mich schliesslich ans Ziel.
Dort werde ich aufgehen in unendlicher Weite,
in zeitloser Ewigkeit, nicht zu greifen,
nicht festzuhalten und doch da,
dank eurer Tränen.
Danke rufe ich.

Hello and welcome to my website. I had an experience while flying my airplane alone in a corner of the area known as the Bermuda Triangle. It was a terrifying experience and I have no idea what caused the situation and I have no idea how much time was involved before I was able to get control of the airplane. Those are two questions that are always asked of me and of which I have no answer. The only answer that I do have is that I "Survived the Bermuda Triangle."

Liegt ein Nazi tot im Schrank,
war der Schreiner wohl ein Punk!!!

Peace! Peace! Peace!

Nur die Haartrockner der Firma AEG heissen »Fön« (ohne »h«), alle anderen heissen »Haartrockner« oder »Föhn« (mit »h«). Der Name Fön ist eine seit 1908 eingetragene Bild-/Wortmarke der AEG Hausgeräte GmbH, Nürnberg.

Congo Gorilla Safari in
Odzala-Kokoua National Park

Winterthur,
en guete Bode!

Coca Cola Zero

Heute Vernissage,
Heute Finissage!

Wer morgens zerknittert aufsteht, hat am Tag die besten Entfaltungsmöglichkeiten!

"I never loved you any more than I do, right this second. And I'll never love you any less than I do, right this second."

Mach es wie die Sonnenuhr
zähl die heiteren Stunden nur

Augusta, Ga., U.S.A. / 7,435 yards, Par 72
No club has tinkered with its golf course as often or as effectively over the decades as has Augusta National, mainly to keep it competitive for the annual Masters Tournament, an event it has conducted since 1934, with time off during WWII. All that tinkering has resulted in an amalgamation of design ideas, with a routing by Alister MacKenzie and Bob Jones, some Perry Maxwell greens, some Trent Jones water hazards, some Jack Nicklaus mounds and, most recently, extensive lengthening and rebunkering by Tom Fazio.

Teile Deine Kröten ein,
sonst werden sie
schnell flöten sein.

Nie wieder Alk,
zumindest nicht bis heute Abend.

Priester der Physik

Good Friends.
Great Pizza.

Newcastle, County Down, Northern Ireland /
7,186 yards, Par 71
On a clear spring day, with Dundrum Bay to the east, the Mountains of Mourne to the south and gorse-covered dunes in golden bloom, there is no lovelier place in golf. The design is attributed to Old Tom Morris but was refined by a half dozen architects in the past 120 years, most recently by Donald Steel. Though the greens are surprisingly flat, as if to compensate for the rugged terrain and numerous blind shots, bunkers are a definite highlight, most with arched eyebrows of dense marram grasses and impenetrable clumps of heather.

Zwei Wespen treffen sich in einem Freibad:
«Interessierst du dich für Kunst?»
«Ja. Warum?»
«Dann fliegen wir mal rüber zu dem Typen
da und ich zeige dir ein paar alte Stiche!»

#mileycyrus #miley #cyrus #TagsForLikes #mileyraycyrus #hannahmontana #hannah #montana #disney #pretty #disney #beautiful #loveher #smile #instagood #instamiley #instacyrus #photooftheday #pop #music #TFLers #breakout #cantbetamed #destiny #smilers #nobodysperfect #actress #singer #destinyhopecyrus #destinycyrus

Der Klügere gibt so lange nach,
bis er der Dümmere ist.

Starker Gravitationslinseneffekt in Galaxienhaufen:
Entstehung grosser Bögen (arcs) in Galaxienhaufen
Statistik der Arcs und kosmologische Folgerungen
Diagnostik von Galaxienhaufen mithilfe von Arcs.

I've fallen and I can't get up.

«A mistake is not a mistake unless
you repeat the mistake»

[Phone ringing]
[Fifty]
Aww man ... who the fuck is callin'? ...
I don't even wanna answer this shit ... Hello?
[Man on phone]
Whattup nigga it's Black
remember me from way back?
we used to go to school together
man, I got your number from Heather
she said you sell guns, I got beef
I wanna see what you got
and if I like it I'll cop

Little Dog Plays Dead When a
Human he Doesn't Like Picks Him Up.

God Hates Art

5 von 4 Leuten können nicht rechnen.

Terrorist macht Liegestützen und
zeigt seine Waffen.

Cystal, Ice, Glass,
Speed, Yaba, Shabu

Heute mal wieder locker und
ganz schön stark unterwegs.

Unter einer Leiter durchgehen
Soll Glück verheissen

Entfernt. Bitte verzichten Sie auf unsachliche Polemik.
Danke, die Redaktion/sam

Kill Terrorists Bomb There House
Kill Bush Bom His F___in House

I love zombies.
If any monster could Riverdance,
it would be zombies.

Zombie Holocaust
(Zombi Holocaust)

Der Terrorismus ist ein Krieg der Armen gegen die Reichen. Der Krieg ist ein Terrorismus der Reichen gegen die Armen.

Fire Breathing

Bier hinterlässt keine Rotweinflecken.
Das Gute daran ist das Gute darin.

Fuck fuck fuck –
ich finde meine
Fanschminke nicht!!!
Arghhh

Politicians You Better
Listen To Us!

Funny Fire Funny Campfire Cute Fire

Wie zeigt ein Mann,
dass er Zukunftspläne macht?
Er kauft zwei Kisten Bier.

Balisto,
natürlich nasch' ich.

Guck, ich komm mit Coke in der
Limo so wie Mezzo-Mix.

Bowling for Columbine
Columbine High School

boning john malkovich (celebrity)

Beni, du bist die Schwiegermutter von Gott!!
lg Daniel

„Man braucht ein paar hundert Tote,
um sich an den Tisch der Sieger zu setzen.“

Schweinefleisch kann man jahrelang frisch halten,
indem man die Sau am Leben lässt.

The whole system is guilty

#shutitdown

Best pizza in the world.
Have you tasted better?

das isch
Lumpegschiir

War has never solved anything

Gay Shocker

Feel The Tanzanian Music

1. Identification. A good slogan must stay consistent with the brand name either obviously stated or strongly implied. It's better to include the name of your business to it.
2. Memorable. Some of the best taglines or slogans are still being used today, even though they were launched several years ago.
3. Beneficial. Reveal your purpose and benefits of the product by conveying the message in consumer language. Turn bad into good. Suggest the risk of not using the product. Create a positive feeling for the consumers.
4. Differentiation. In an overcrowded market, companies on the same industry need to set themselves apart thru their creative and original tagline or slogan.
5. Keep it simple. Use proven words and short keywords. One word is usually not enough.

The Ass-Team

Breivik tritt für eine PS3 in den Hungerstreik.

Mary Jane ruins the brain

Sind zwei Cola-Automaten in der Gummi-Zelle.
Doooiiiing, Doooooiiing! Sagt der eine:
«Hey, wieviel Uhr hatten wir gestern?»
Sagt der andere: «Würde ich schon sagen!»

Oh, oh, oh
Sitting here with nothin' to do
Sitting here thinkin' only of you
But you'll never get out of there
She'll never get out of there.
Texas chain saw massacre
They took my baby away from me
But she'll never get out of there
She'll never get out of there
I don't care, wohoho

Kizz My Black Azz

Can Taylor Swift save Ukraine?

Is there any possible
way of making 2+2=5?

A fist bump (also called brofist, knuckle touch, power five, dap, pound, fist pound, brofist, donsafe, spudding, fo' knucks, box, Bust,spuds, pound dogg, props, Bones, respect knuckles, bumping the rock, or knuckle crunching) is a gesture similar in meaning to a handshake or high five. A donsafe can also be a symbol of giving respect. It can be followed by various other hand and body gestures and may be part of a dap greeting. It is commonly used in baseball as a form of celebration with teammates, and with opposition players at the end of a game.
The gesture is performed when two participants each form a closed fist with one hand and then lightly tap the front of their fists together. The participant's fists may be either vertically oriented (perpendicular to the ground) or horizontally oriented. Unlike the standard handshake, which is typically performed only with each participants' right hand, a fist bump may be performed with participants using either hand.

Pizza in 30 minuten oder schneller

They say milk is good for
your teeth. You know
what else is good for
your teeth?
Minding your own
fucking business!

MacGuffin ist der von Alfred Hitchcock geprägte Begriff für mehr oder weniger beliebige Objekte oder Personen, die in einem Film meist dazu dienen, die Handlung auszulösen oder voranzutreiben, ohne selbst von besonderem Interesse zu sein.

Old cashiers never die,
they just check out.

«8=====D is this a shovel or
crying smiley face?
So confused?»

Don't Do It Again, ok?

Ich trink Ouzo, und was machst Du so?

Detroit is the new black.

Ich sende euch wie Schafe mitten unter Wölfe.

A Cowardly Cartoonist

Das Prinzip, dass alles an den Sieger geht,
breitet sich aus.

Der Motor will nicht laufen, auch die Zündung ist defekt, es ist zum Haare raufen, weil auch der Vergaser leckt.

Folgt mir, ich weiss auch nicht wo's langgeht.

Man kann nur eine leere
Schüssel füllen.

Snake Eater – Member of the
U.S. Army Special Forces.

Ice Ice Baby Vanilla,
Ice Ice Baby Vanilla,
Ice Ice Baby Vanilla,
Ice Ice Baby Vanilla.

Ein Familienausflug endet auf grausame Weise: Unter mysteriösen Umständen verschwindet das Mädchen Yuki im Geisterhaus eines Vergnügungsparks, in das sie sich mit ihren Freunden eingeschlichen hatte. Zehn Jahre später kommt es zu einem unbegreiflichen Wiedersehen mit der Clique von damals. In der Wohnung von Motoki und Rin, bei denen auch Ken zu Besuch ist, kollabiert die völlig verstörte Yuki und wird von ihren Freunden ins ...

Hilton Grand Vacations Club

Keep Calm and Call Batman

Stop.
Die.
Fall over,
have a heart attack,
and die.

Sex is like Pizza. When it's good,
it's good and when it's bad,
it's still pretty good!

Mit dem Bieres Hochgenuss,
wächst des Bauches Radius.

I Am A Little Upset.

Don't try to be an apple if you're a banana.
You will always be a second rate apple.

Kommt ein Mann zum Arzt: «Herr Doktor, immer wenn ich Kaffee trinke, habe ich so ein stechendes Gefühl im linken Auge.» Darauf der Arzt: «Dann nehmen Sie doch mal den Löffel aus der Tasse.»

War isn't free.

Spread the KNOWLEDGE...
not the VIRUS

America has never been united by blood or birth or soil. We are bound by ideals that move us beyond our backgrounds, lift us above our interests and teach us what it means to be citizens.

I drink to make other
people more interesting.

Up with Hope. Down with Dope.

Früher gab's mal Aufkleber
«Ohne Rheintal keine Schweiz».
Diese hört ja bekanntlich in
Winterthur auf. Doch ... was ist dahinter?
Es ist weder Wüste, noch Niemandsland.
Auch kein Vakuum. Da ist nämlich
noch St. Gallen und die Insider wissen,
dass kurz danach der Ribelgraben
kommt.

Saw Mommy
Eating Santa Claus

Fuzz
What's In My Head?

Blood Beach
Horror am Strand

One of the most beautiful, disturbing
débuts for a long time ... brilliant

Sorry, this video is not available
in your country.

USS Constellation

Kyle Reese:
«Come with me if you want to live»

„Ein neuer Tag, ein neuer Migräne-Anfall.“

Ein freundliches Lächeln kann
drei Wintermonate erwärmen.

I’ve heard the call. I believe God wants
me to run for President.

Das Paradies ist da, wo ich bin.

Carpe Diem.
Seize the day, boys.
Make your lives extraordinary.

Save a tree. Don’t print this email
until it’s really necessary!

Gross sind die Werke des Herrn;
wer sie erforscht, der hat Freude daran.

1st Infantry Division
"In Peace Prepare For War"

Danke Benedikt! Ihre Buchung ist nun bestätigt.

«Keiner meiner Minister ist so gut bestückt wie ich.»

Baby & Lil Wayne
Survival of the Fittest

Stille Wasser sind auch nass.

Perricone-Diät

Harvard-Professor Nicholas Perricone hat diese Form der Selbstgeisselung ausgeheckt: Sie verbietet Zucker; auch Fruchtzucker aus Obst oder Gemüse sind tabu, ausser es sind saure Früchte wie zum Beispiel Grapefruit. Dafür stehen fetter Fisch und viel Gemüse auf dem Speiseplan. Neben gewichtsreduzierenden Effekten, soll die Perricone-Diät der Faltenbildung vorbeugen.

Hollywood-Diät

In den Zwanzigerjahren Jahren in Hollywood entwickelt, um Leinwandhelden schlank zu halten. Wer diese Diät anwendet, darf nicht mehr als 1000 Kalorien am Tag zu sich nehmen. Lieferant dieser Ration sind Luxuslebensmittel. Erlaubt sind Proteine: Hummer, Garnelen, Fisch, mageres Fleisch, aber auch exotische Früchte, Eier und Salate. Die Enzyme der exotischen Früchte sollen die Fettverbrennung antreiben. Da Kartoffeln, Nudeln und Reis vor rund 90 Jahren dem Schlankheitswahn geopfert wurden, verbietet die Hollywood-Diät die Aufnahme von Kohlehydraten, ebenso von Fett und Salz.

I fought Nazis and they
don't look like Obama.

If I eat myself would I become twice as big or disappear completely?

Je weicher die Birne –
Je härter die Faust.

Superex Drumlumsing

Be smart,
chum uf Landquart

Bunte,
runde,
flache Sache

Brain Disorder

Gibst du
mies
kriegst du
mies

Von allen Dingen, die ich verloren habe,
vermisse ich mein Hirn am meisten.

Catch a glimpse of Snoop Dogg,
the artist, in action.

All Pizza,
all the time.

Police officer Rick Grimes leads a group of survivors in a world overrun by zombies.

It's like a zombie stopper

Je mehr Käse desto mehr Löcher, je mehr Löcher, desto weniger Käse! Fazit: Je mehr Käse, desto weniger Käse!

Gruppenfoto am
Ufer des Flusses von Dongala

Rights
Human
Rights

Die Liebe tut dem
Nächsten nichts Böses.

Du bist erst dann wirklich erfolgreich wenn Deine Schwiegermutter das sagt.

Die Schweine von heute sind die
Schinken von morgen.

Jokes about German
sausage are the wurst.

Ueli Vogt
200 mutual friends

Zwei Holzfäller benötigen 8 Tage um ein Waldstück zu roden. Wie viel Tage benötigen 8 Holzfäller?

I shaved my balls for this!?

No Human is Illegal.

Gehen zwei Doofe über die Strasse. Sagt der eine:
«Ey, lass mich auch mal in die Mitte!»

Chuck Norris hat einen Grizzlybären Vorleger in seinem Zimmer. Der Bär ist nicht tot, er hat nur Angst sich zu bewegen.

The Persistence of Memory

So kommst Du nie in den Louvre.

I am, what psychiatrists call, alpha male.

Fast Food for Fast Times

Welcome to the world of Shava.
Great to be friends. www.shava.ch

Das Schönste im Leben
ist die Freiheit,
denn dann sagen wir hurra.

No Fire
No Skill

Big Fat Dead Guy In A Bathtub

How many models will speak out against Terry Richardson before the fashion industry cares?

George Clooney soll sich beim Einchecken in Hotels seit vielen Jahren des Pseudonyms Arnold Schwarzenegger bedienen.

In Japan gibt es nur japanische Wege.

Break the chains.

Arbeitslos und
Spass dabei!

Grossaufgebot: Polizei räumt
«Pizzeria Anarchia» in Wien

Installation view, Jonathan Meese,
COUNTDOWN «K.U.N.S.T.»
(DIE GEILSTINVASION),
Sies + Höke, 2014

Sie arbeiten meist als Werbefotograf. Wären Sie nicht lieber ein reiner Kunstfotograf?
Nein, nein, nein! Kunstfotografen sind doch alles eingebildete Selbstdarsteller. Ich kann diese Leute nicht ausstehen. Fotografie kann dann etwas bewirken, wenn sie die Masse erreicht. Ich liebe die Arbeit mit Massenmedien, denn sie geben mir Macht. Niemand auf dieser Welt hätte etwas über meine Arbeit erfahren, wenn ich ein kleiner selbstverliebter Kunstfotograf in einem abgelegenen Atelier gewesen wäre.

Pine Valley, N.J., U.S.A. / 7,057 yards, Par 70
A genuine original, its unique character forged from the sandy pine barrens of southwest Jersey. Founder George Crump had help from architects H.S. Colt, A.W. Tillinghast, George C. Thomas Jr. and Walter Travis. Hugh Wilson of Merion fame finished the job. Pine Valley blends all three schools of golf design -- penal, heroic and strategic -- throughout the course, often times on a single hole.

Still sitzen
Nichts tun
Der Frühling kommt
Das Gras wächst

Eine Familie geht ins Schwimmbad. Der kleine Sohn sitzt am Beckenrand. Da kommt seine Mutti und sagt: „Jetzt trink schon aus. Wir wollen nach Hause."

A handshake is a short ritual in which two people grasp one of each other's like hands, in most cases accompanied by a brief up and down movement of the grasped hands. When making a bet and confirming the bet with a handshake, it is usually held that the instant the two hands touch willingly, the bet becomes official. Using the right hand is generally considered proper etiquette. There are various customs surrounding handshakes, both generically and specific to certain cultures. Different cultures may be more or less likely to shake hands, or there may be different customs about how or when to shake hands. Handshakes are known to spread germs.

"Life is very interesting...
in the end,
some of your greatest pains,
become your
greatest strengths."

Wenn man tot ist, ist das für einen selbst nicht
schlimm, weil man ja tot ist. Schlimm ist
es aber für die anderen...
Genau so ist es übrigens wenn man doof ist...

While no aircraft is totally invisible to radar, stealth aircraft make it more difficult for conventional radar to detect or track the aircraft effectively, increasing the odds of an aircraft successfully avoiding detection by enemy radar and/or avoiding being successfully targeted by radar quided weapons. Stealth is the combination of passive low observable (LO) features and active emitters such as Low Probability of Intercept Radars, radios and laser designators. These are usually combined with active measures such as carefully planning all mission maneuvers in order to minimize the aircraft's radar cross section, since common actions such as hard turns or opening bomb bay doors can more than double an otherwise stealthy aircraft's radar return. It is accomplished by using a complex design philosophy to reduce the ability of an opponent's sensors to detect, track, or attack the stealth aircraft. This philosophy also takes into account the heat, sound, and other emissions of the aircraft as these can also be used to locate it.

lieber es Ränzli vom Frässe als es
Püggeli vom Schaffe

The Satanic Temple Starts its
Own Child Protection Program

Falten sind o.k. solange sie nicht in der Tapete sind.

Wie man sich füttert,
so wiegt man.

Nimm dir jeden Tag die Zeit, still zu sitzen und auf die Dinge zu lauschen. Achte auf die Melodie des Lebens, welche in dir schwingt.

I'd catch a grenade for ya
Throw my head on a blade for ya
I'd jump in front of a train for ya
You know I'd do anything for ya
I would go through all this pain
Take a bullet straight through my brain
Yes, I would die for you, baby
But you won't do the same
No, no, no, no

Let's face it – man's best
friend is money.

Zwischen Leber und Milz ist noch Platz für ein Pils.

„Der weisse Hai ist auch ein Film über menschliche Urängste und charakterliche Schwächen, aus deren Überwindung Helden geboren werden. Dass er ausserdem auch noch von der kapitalistischen, sich selbst gefährdenden Gesellschaft, vom patriotischen Amerika, von Massenhysterie, Schuld, Sühne und der Aufopferung des Einzelnen für die Gesellschaft handelt, macht deutlich wie Spielberg eine im Grunde denkbar simple Geschichte auf vielen Ebenen lesbar macht. Dabei sollte man jedoch keinesfalls unterschlagen, dass Der weisse Hai einer der nervenzerreissendsten Thriller aller Zeiten ist."

The only bush I trust is my own!

Jurassic Porn

Ich kann auch ohne Alkohol lustig sein. Aber sicher ist sicher. Schockierende US-Studie: Über vier Prozent der zum Tode Verurteilten unschuldig.

Fat Pizza

Die Pizzajungen Pauly, Sleek, und Davo geraten von einem Missgeschick ins nächste. Pauly wird in einen Kampf gegen das Maskottchen eines verfeindeten Fast-Food-Unternehmens verwickelt und zieht gleichzeitig den Zorn einer Gang aus Kleinwüchsigen auf sich, weil er deren Behinderten-Toilette benutzt. Sleek, ein libanesischer Rapper, ist auf der Flucht vor den Frauen, die er böse beleidigt hat – und das sind einige – und wird gleichzeitig von rassistischen Cops gejagt, die ihm persönlich die Schuld an der Krise im Mittleren Osten geben. Davo, der Neue im Team, hat es da einfacher. Er ist nur ein kleiner Junkie auf der Suche nach dem nächsten Kick. Während sich die drei mit ihren Problemen herumschlagen, hat ihr Boss Bobo Gigliotti seine eigenen Sorgen. Er ist mit über 40 noch Jungfrau und bezieht dafür von seiner

Mutter regelmäßig Prügel. Also bestellt er sich eine Braut aus Vietnam. Nur ob das die Sache besser macht?

Cliff Banger

Lebensrettend: Mit therapeutischer Spezialnahrung kann ein schwer untererernährtes Kind wieder zu Kräften kommen. 57 Euro benötigen die SOS-Kinderdörfer, um ein vom Hungertod bedrohtes Kind sechs Wochen lang mit Spezialmilch und angereicherter Erdnusspaste zu versorgen.

Während der Karnevalszeit
Hirsebrei essen

Jack Torrance: [typed] All work and no play makes Jack a dull boy. Vor der Erleuchtung: Holz hacken und Wasser tragen.

Grandma's special cookies

A small group of military officers and scientists dwell in an underground bunker as the world above is overrun by zombies.

It is a truth universally acknowledged that a zombie in possession of brains must be in want of more brains.

Pain is temporary,
glory is forever!

Ein Mann geht nach einer langen Sauftour stark angetrunken nach Hause. Auf der Strasse entdeckt er eine Münze am Boden liegen. Obwohl weder Mond noch Sterne am Himmel sichtbar sind und auch keine Strassenlaterne an ist, hat er das Geldstück schon von weitem gesehen. Wie ist das möglich?

Lieber Beni Bischof
Diesen Massagestuhl habe ich seit einiger Zeit im Lager. Ich habe dran rumgelötet (im Jahre 2010), sodass es nun keine Fernsteuerung mehr gibt, sondern der Stuhl automatisch reagiert, wenn man sich drauf setzt (siehe Video). Er transformiert sich in Liegeposition, massiert und wenn der Draufsitzende genug hat und aufsteht transformiert sich der Sessel wieder in die Ausgangsposition. Kuck dir das mal an. Evtl kannst du mit dem Stuhl und seinen Basstönen ja was anfangen.
Gruss Philipp.

In anticipation of the ambitious
Three Amigos three-part extravaganza

De Flick-Flack bim Wegglibeck

Kunde beim Bäcker: Ich bekomme 99 Brötchen.
Verkäuferin: Dann nehmen Sie doch gleich 100.
Kunde: Wer soll denn das alles essen?

It's Not the End of the Earth,
But You Can See It From Here.
Bushnell, SD

LOL

Vigili del Fuoco (Fire Service): Flammas domamus donamus cordem (Latin for «we tame the flames, we give our hearts).

We just cant say it's photoshoped, can we?

die ärmschte Puure händ
die grööschte Herdöpfel

2nd Time I've Fought For My Country
1st Time I've Known My Enemy
HERE MEN FROM THE PLANET EARTH
FIRST SET FOOT UPON THE MOON
JULY 1969, A.D.
WE CAME IN PEACE FOR ALL MANKIND

The words on a plaque left on the Moon by Buzz Aldrin and Neil Armstrong.

Stehen 2 Schornsteinfeger auf dem Dach, fragt der eine: «Soll ich dich runterschmeissen?» Sagt der andere: «Nein!»

Brain Tumor Drama

Tu was für dein Image,
lass dich mit mir sehen!!

Entlarvt einen Teil des Kunstbetriebs,
als was er ist: Eine Dekorationsabteilung.

Ain't Painting a Pain

Bier unser, das du bist im Glase,
gesegnet werde dein Erfinder,
mein Rausch komme,
dein Wille geschehe,
wie zu Hause,
als auch in der Kneipe.
Unseren Durst stille uns heute
und vergib uns unsere Schuld,
wie auch wir vergeben unseren Schuldnern
und führe uns nicht in die Milchbar,
sondern gib uns die Kraft zum Weitersaufen.
Denn dein ist der Durst
und der Rausch und die Seeligkeit.

«Heftig»-Schlagzeilenredakteur mit emotionaler Erschöpfung in Psychiatrie eingeliefert.

Hallo Beni, Ich habe das Psychobuch gekauft. Es gefällt mir sehr. Vielen Dank! Ich hoffe auf Wertsteigerung.
Also streng dich bitte an.
Guezi Ronni Oliveras

Nobody dies a virgin ...
Life fucks us all.

Grosser Geist, bewahre mich davor, über einen Menschen zu urteilen, ehe ich nicht eine Meile in seinen Mokassins gegangen bin.

Was erwartet Sie?

Mitarbeit bei der kontinuierlichen Weiterentwicklung eines robusten Risikomanagements von Fund Investments in verschiedenen Anlageklassen (Aktien, Bonds, ILS, Rohstoffe, Hedge Funds, etc.);

Entwicklung und Umsetzung anlageklassenspezifischer Risikoanalysen und -systeme, insbesondere auf Basis von Managed Account Informationen;

Beurteilung des Risikomanagements externer Funds;

Erstellen von quantitativen Analysen;

Management von Projekten;

Mitwirkung bei der Ausarbeitung von Investmentrichtlinien und -restriktionen;

Weiterentwicklung interner und externer Risikoberichte.

Nobody's hotter than Shotta

Als Moses an die Berge klopfte, gleich Wasser aus dem Felsen tropfte, schöner ist es aber hier, man dreht am Hahn und schon läuft's Bier.

Lieber mit dem Kopf durch
die Wand als gar kein Fenster.

Real authentic pizza –
done just the way you like it.

Sharknado 2

"Choose a life. Choose a job. Choose a career. Choose a family. Choose a fucking big television. Choose washing machines, cars, compact disc players and electrical tin openers... Choose DSY and wondering who the fuck you are on a Sunday morning. Choose sitting on that couch watching mind-numbing, spirit crushing game shows, stucking junk food into your mouth. Choose rotting away in the end of it all, pishing your last in a miserable home, nothing more than an embarrassment to the selfish, fucked up brats you spawned to replace yourself, choose your future. Choose life ... But why would I want to do a thing like that?"

I Hate Crowds

Jing Jang

Love Shouldn't Kill

MISTAKISIM

Rambo:
Real heroes don't die,
they just reload.

Too much of anything is bad, but too much Champagne is just right.

Zu den Behauptungen, dass Menschen berichten, von Ausserirdischen entführt worden zu sein, existiert eine Reihe von Hypothesen:
Von mehreren Wissenschaftlern wurden Bezüge zu religiösen Vorstellungen herausgearbeitet, so z.B. Engeln, Dämonen und Marienerscheinungen. Die sexuelle Komponente der Entführungen verweist auf die Incubi und Succubi der jüdischen und christlichen Mythologie. Und die Rolle der Entführten als Mittler für Botschaften lässt Parallelen zu schamanischen Initiationsriten erkennen.
UFO-Forscher wie Jacques Vallée weisen beispielsweise auf die Übereinstimmung vieler Entführungsschilderungen mit Mythen und Märchen hin, insbesondere den Beschreibungen von Geistern, Feen, Sylphen und Zwergen.
Eng verwandt damit ist die Theorie, dass den Schilderungen „kulturelle Übernahmen" zugrunde liegen, dass also die Erlebnisse aus Erzählungen, Büchern oder Filmen stammen. Dabei spielen auch medienwissenschaftliche Befunde über die Verbreitung und Introzeption sozialer Deutungsmuster eine Rolle.

BigMac Sauce, wie bei McDonalds:
2 TL Mayonnaise
2 EL Dressing (French Dressing)
4 EL Mixed Pickles relish, süsses
1 EL Zwiebel(n), weisse, fein geschnitten
1 TL Essig, weisser
1 TL Zucker
1/8 TL Salz

«Brown shoes don't make it
Brown Shoes don't make it
Quit school, why fake it
Brown shoes don't make it
TV dinner by the pool
Watch your brother grow a beard
Got another year of school
You're okay, he's too weird
Be a plummer
He's a bummer
He's a bummer every summer
Be a loyal plastic robot
For a world that doesn't care
That's right
Smile at every ugly
Shine on your shoes and cut your hair»

Das war kein Filmriss,
ich wurde geblitzdingst!

Chuck Norris hat alle Farben erfunden.
Ausser Rosa! Tom Cruise hat Rosa erfunden.

„Das wird man ja wohl noch sagen dürfen“

An einer Rose hab ich gerochen,
an einen Dorn hab ich mich
gestochen, mit Blut hab ich
geschrieben, ich werde dich
für immer Lieben.

Two old men, Dick and Norton were
sitting next to each other on the London subway.
Their hearing isn't good.
Dick mutters: «Is this Wembley?»
«No», says Norton, «it's Thursday.»
Dick answers: «OK then, let's find a
pub and have a drink.»

Kaum eine Methode in der Wissenschaft ist so wenig wissenschaftlich wie der Tierversuch. Die Ergebnisse schwanken, hängen von Zustand, Geschlecht und Gewicht der Tiere ab, und oft auch von der subjektiven Einschätzung des Experimentators.

Wer Rechtschreibfehler findet darf sie behalten.

I asked if it was okay to take a
picture and they said it was.

Roses are red, violets are blue,
God made me beautiful,
but what happened to you?

Wenn man Ihrer Politik vertrauen würde, könnte man auch den Würger von Boston um eine Halsmassage bitten.

Everybody's got to believe in something.
I believe I'll have another beer.

Wenn keine blöde Stelle mehr im Bild ist –
dann ist fertig

This is a monstertune!
This is a monstertune!
This is a monstertune!
This is a monstertune!
This is a ...
This is a monstertune!
This is a monstertune!
This is a monstertune!
This is a monstertune!
This is a ...

Im Jahr 1896 nageln die Einwohner von Hope Menschen an Kreuze, auf dass sie als lebende Vogelscheuchen die Krähen von den Feldern fernhalten. Als die Menschen der Nachbarstadt Liberty davon erfahren, ziehen sie los, um den Prediger, der diesem Treiben vorsteht, auf selbe Art und Weise den Garaus zu machen. Mehr als ein Jahrhundert später verschlägt es Liz nach Hope. Ihr Wagen ist liegen geblieben ...

Der Grund war nicht die Ursache,
sondern der Auslöser.

What Was Your Past Life?
Enter Your Birth Date and Discover Your Past Life.
First Reading Free!

Triple Creek Ranch, Darby, Montana

PizzaPower

Pizza! Pizza!

Internet-Explorer-Nutzer
haben tiefen IQ.

Henry Rollins: Fuck Suicide

There's only one way to
handle those motherfuckers.

Atkins-Diät

Ähnlich wie bei der Hollywood-Variante, ist die Atkins-Diät eine kohlehydratarme Diät. Brot, Kartoffeln, Reis und Nudeln dürfen in den ersten Wochen nur in kleinsten Dosen konsumiert werden. Nach Wochen der Selbstkasteiung darf die Kohlenhydrataufnahme auf maximal 40 Gramm täglich angehoben werden. Von Obst, Gemüse, Fruchtsäften und Süssigkeiten sind die Finger zu lassen. Dafür darf reichlich Eiweiss und Fett aus Fleisch, Käse, Eiern, Fisch, Wurst und Mayonnaise verzehrt werden. Mineral-, Vitamin-, und Kohlehydratmangel sind garantiert.

Hoi Beni. Erst mal Gratulation zu deinem Psychobuch. Das Bild welches das Cover ziert stammt von mir. Und das dicke Model heisst Thom. Dieser Thom hat mich heute angerufen nachdem er von Freunden darauf hingewiesen wurde, dass er auf dem Cover ist. Finde, es wäre schön und gescheit gewesen im Vorfeld mal nachzufragen ob das ok ist. Nicht unbedingt mich, sondern Thom. Was meinst du? Gruess Dan

Schatziputz Mausiherz, ich liebe dich, das ist kein
Scherz. Du bist so nah, und doch so fern.
Verflucht ich hab dich doch so gern.

U.K.
In Grossbritannien werden jährlich etwa
3 Millionen Tiere in Versuchen verwendet.

Hopfen und Malz, ab in den Hals.

Pebble Beach, U.S.A. / 6,524 yards, Par 72
Alister MacKenzie's masterpiece, woven through cypress, sand dunes and jagged coastline. In the 2000s, member Sandy Tatum, a former USGA president who christened Cypress Point as the Sistine Chapel of golf, convinced the club not to combat technology by adding new back tees, but instead make a statement by celebra-

ting its original architecture. So Cypress remains timeless, if short, its charm helped in part by the re-establishment of MacKenzie's fancy bunkering.

Treffen sich zwei Rosinen. Fragt die eine die andere:
«Warum hast du denn einen Helm auf?»
Antwortet die andere: «Ich muss gleich in den Stollen.»

Der helle Sack

The City Was So Nice They Named It Twice.
Walla Walla, WA

De Rüeblidieb

Q: How many tuba players does it take to change a light bulb?
A: Three: one to hold the bulb and two to drink until the room spins.

Die meisten Frauen nehmen
nur beim Telefonieren ab.

David Copperfield schrumpft

DC lässt einen Tisch auf die Bühne rollen, auf dem ein Kasten ruht (hat eine gewisse Ähnlichkeit mit dem Kasten der «zersägten Jungfrau»). Er legt sich hinein, Kopf, Arme und Beine sind zu sehen. Mit den Armen schrumpft er den Kasten, so dass schliesslich die Füsse direkt an dem Kopf sind.
Die Erklärung kommt von Axel Culmsee von TVneu, konnte jedoch von mir nachvollzogen werden. Beim Hineinlegen in den Kasten werden falsche Füsse und ein falscher Kopf (!) eingesetzt. Ermöglicht wird dies dadurch, dass weder Füsse noch Kopf beim Einlegen ständig zu sehen ist. Die falsche Füsse machen immer nur die gleichen Bewegungen; der falsche Kopf bewegt sich zwar, der Gesichtsausdruck jedoch nicht. DC befindet sich in dem «dicken» Boden (der sieht aus als wäre nur er «konstruktionsbedingt» so dick – er ist aber hohl).
Bei der Vorführung sind zwei Synchronisationsfehler. Beim Hineinlegen ist der Kopf etwas früher unten, als man es erwarten würde; beim Herauskommen ist der Kopf etwas früher oben, als man es erwarten würde. Bei S&R wird das gleiche Prinzip verwendet, d.h. dort ist der Kopf auch kurzzeitig nicht zu sehen. Eine Verbesserung haben S&R jedoch: der Kopf öffnet und schliesst den Mund wiederholt.

Sitzt ne Kuh auf der Parkbank und strickt sich ein Fahrrad. Kommt ein Polizist vorbei und sagt: «Angeln ist hier verboten.» Sagt die Kuh: «Was interessieren mich die Erdbeerpreise! Ich hab doch Gummistiefel an!»

The poet Rainer Rilke said that answers are less important than good questions. Oh, really?

Mir ist grad voll der gute Spruch eingefallen:
Gib jedem Tag die Chance, der schönste Deines Lebens zu werden.

You're, uh, looking well.

Revenge Porn

Ich habe nicht die Spitze der Nahrungskette erklettert, um Gemüse zu essen.

Full Metal Jacket

Rex Dildo – Arschalarm auf der Akropolis

Früher galt Russ als Abwehrmittel gegen Hexen, Teufel und sonstige Bösewichte. Daher soll es Glück bringen, einen Kaminkehrer anzufassen und etwas Russ an den Fingern zurück zu behalten.

No To Contemporary Art
Togheter We Can Stop It

A small town is taken over by an alien plague, turning residents into zombies and all forms of mutant monsters.

Bim Bum Bar

Good afternoon,

I am Elena and I send this letter in a small town in Russia. I live with little daughter, but not her father – he abandon us. In result of deep crisis I lost my job and can not pay for heating our apartment. We urgently need to heat, now the winter and temperatures minus 15 degrees

Celsius outside and very cold in our apartment. The only way our house to heat, is using of portable heater working with fire and the wood, because we have savings of wood in the shed. But we can not buy it in our local market, because there are too expensive for us equivalent of 196 Euro, and we can not afford it. I finded contact you on the web and decided to write this letter from our Library. If you have cast iron stove for wood and fire portable I hope you can donate for us and ship our address. I hope for your reply and I give you our address to be delivered. I wish you Merry Christmas. Elena.

Ich habe nie an unserer
Chancenlosigkeit gezweifelt.

Mut ist, wenn du um 4 Uhr früh hackedicht nach
Hause kommst, deine Frau mit nem Besen auf
dich wartet und du sie fragst: Bist du am Putzen
oder fliegst du noch weg?

Vom Fleischer schöne Kalbsschnitzel schneiden lassen und diese an den Rändern leicht einschneiden.
Die Schnitzel mit Klarsichtfolie bedecken und zart plattieren (klopfen). Die Stärke der Schnitzel ist individuell auf den persönlichen Geschmack abgestimmt, misst jedoch im Normalfall ca. 6 mm. Die Schnitzel beidseitig gleichmässig salzen. Die Eier mit einer Gabel leicht

verschlagen. Die Kalbsschnitzel in Mehl beidseitig wenden, durch die Eier ziehen und danach in Semmelbröseln wenden (die Brösel dabei nur zart andrücken). Die Schnitzel leicht abschütteln und überschüssige Brösel entfernen. Reichlich Butterschmalz in einer passenden Pfanne ca. 2–3 cm hoch erhitzen. Die Schnitzel in das heisse Fett legen und unter wiederholtem Schwingen der Pfanne bräunen. Dann mittels einer Fleischgabel vorsichtig wenden und von der anderen Seite fertig backen. Mit einer Backschaufel aus der Pfanne heben. Die Schnitzel abtropfen lassen, mit Küchenkrepp das überschüssige Fett abtupfen und mit einer Zitronenspalte garniert servieren. Passende Beilagen sind Kartoffelsalat, Gurkensalat, Feldsalat oder Petersilienkartoffeln.
Wichtig: Zu Wiener Schnitzel wird KEINE Sauce gereicht!

Keep Calm and be a Zombie

Warnung: Sie sind auf eine betrügerische Phisihing-Seite geleitet worden!
Sie haben eine Seite aufgerufen, die dazu dient Zugangsdaten zu betrügerischen Zwecken auszuspionieren. GMX hat sie zur Verhinderung von Straftaten abgestellt.

Beast Creatures

Ein Luxusliner kentert während eines Sturms im Nordatlantik. Die Überlebenden können sich auf eine tropische Insel retten. Doch das Eiland hält grausame Überraschungen bereit ...

Ein Mann kann nicht reich werden,
wenn er für seine Familie sorgen muss.

I feel torn between the desire to create
and the desire to destroy ...

Apfelstrudel sind sogar für Nichtschwimmer ungefährlich!

The more you learn, the more you know, the more you know, and the more you forget. The more you forget, the less you know. So why bother to learn.

Hallo,

Ich verstehe vollkommen, dass es Skeptiker gibt, doch nachdem Sie das gelesen haben, wird Ihre Skepsis verflogen sein. Es gibt eine Möglichkeit, eine einfache Möglichkeit, um das französische Roulette des Casinos zu schlagen und ein gutes Monatsgehalt zu verdienen. Das Beste ist, dass Sie mir nicht blind vertrauen müssen. Testen Sie die Strategie ohne echtes Bargeld zu verwetten, und versuchen Sie erst nachdem Sie bestätigt haben, dass meine Strategie stimmt, echtes Geld zu verdienen.
Du musst es ausprobieren, vertrau mir! Mehr Infos..
Alles Liebe, Mark Adams

Woo woo woo ya ya hey hey

Instantly Get 900 Followers

WIR HABEN UNS VORGENOMMEN! IM
LEBEN ZU NICHTS ZU KOMMEN! WAS UNS
AUCH GOTT SEI DANK! BISHER GEEELANG!
TRINKFEST UND ARBEITSSCHEU! SIND
WIR UNITED TREU! SO LEBEN
WIR HIER! SO LEBEN WIIIR! UNITED!**
UNITED!** UNITED!**

Hey, big spender,
spend a little dime on me.

Ass – Armored vehicles such as Strykers and Tanks.

Alien, die Saat des
Grauens kehrt zurück

Kleckse,
Kunst,
Künstler

Punch Your Boss game online
Finally a place where you can express your rage without harming a soul.Wack your boss, here in cyberspace, so you don't have to :-) Find the seven ways to wack your boss.Realy funny and brutal game!
Controls: mouse-control | Tags: punch your boss | Category: Brutal

Die Basis ist die Grundlage jeglichen Fundaments.

David Copperfield geht mit Kopf einer Blondine spazieren

DC und eine Blondine mit Sonnenbrille und Regenmantel (und klasse Beine) kommen auf die Bühne. Nachdem die Blondine ein wenig getanzt hat, begibt sie sich in eine merkwürdige Einrichtung. Sie kniet sich hin, ihr Oberkörper ist zu sehen, ihre Beine sind hinter dem Regenmantel. Ihr Kopf ragt heraus, der wird dann jedoch in einen Kasten gesteckt, später wird dieser verschlossen (Kopf nicht mehr zu sehen). Später wird dann der Kasten von DC mit Hilfe einer Metallplatte «abgetrennt». (Klasse-Musik von Peter Gabriel: «Wallflower»). DC nimmt dann den Kasten zu einem Nachbartisch. Dieser sieht aus wie eine umgekippte Tiefkühltruhe, d.h. das Ding ist von vorne offen und hohl. Er stellt den Kasten auf, öffnet eine Klappe – der Kopf ist da, bewegt sich sogar synchron zu Bewegungen des Körpers. Er schliesst nun den Kasten wieder, alles wird umgekehrt gemacht, Blondine hat ihren Kopf zurück.
Bei der Entschlüsselung des Tricks half die Eigenschaft, dass der Autor seine Augen nur schwer von einem Décolleté lösen kann. Die Blondine hat eines, hinter einem durchsichtigen Stoff. Irritierend war jedoch, dass das ganze Ding irgendwie starr war. Der Busen hatte immer die gleiche Form, auch beim Atmen. Ausserdem: warum sollte eine schöne Jungfrau ihr Gesicht mit einer Sonnenbrille verdecken? Hat DC sie etwa geschlagen?
Der Trick: zwei Frauen mit blonder Perücke und Sonnenbrille, ein Mantel von dem der vordere Teil sich lösen kann, eine Busenform. Somit kann Blondine#1 sich rechtzeitig absenken und sich aus dem Mantel lösen. Der Kasten ist eine optische Täuschung, d.h. er ist nicht

so tief wie er aussieht. Wer schon mal ein «Escher»-Bild gesehen hat, kann sich denken, dass so etwas möglich ist. Blondine#2 wartet darin gut versteckt auf ihren Einsatz. Durch die Musik koordinieren sich beide.
Sind das vielleicht alles nur Vermutungen? Eine weitere Bestätigung fand sich bei der Wiederholung der Sendung: Irgendwann war die Kamera weit links, d.h. die «umgekippte Tiefkühltruhe» war seitlich zu sehen. Merkwürdig war jedoch, dass die näher gelegene äussere Kante kleiner war als die weiter weg gelegene innere Kante. Eigentlich sollte es umgekehrt sein, da 1. die innere Kante sowieso kleiner ist als die äussere und 2. ein weiter weg gelegenes Objekt gleicher Grösse in der Perspektive kleiner wird. Sollte ich mich dort irren, bleibt noch die Theorie von Axel Culmsee von TVneu: Blondine#2 ist ein falscher Kopf, der mechanisch lächeln kann. Immerhin braucht ein Mensch ja nur 2 Muskeln, um zu lächeln.

Beck hetsch sölle werde, dänn chöntsch
jetzt de Uusschuss sälber frässe

I walked with a Zombie

Die Beerdigung von Liz Taylor am
24. März 2011 begann mit
einer Viertelstunde Verspätung, weil
sich die Schauspielerin immer
gewünscht hatte, zu spät zu ihrer
eigenen Beerdigung zu kommen.

Explaining why
something is
art is like explaining
why a joke is funny.

zu viele Regeln
zu schlechte Verse

Hobby Lobby.

Herrenwitze
sind so wichtig
wie der liebe Gott.

Arecibo message:

1. The numbers one (1) to ten (10)
2. The atomic numbers of the elements hydrogen, carbon, nitrogen, oxygen, and phosphorus, which make up deoxyribonucleic acid (DNA)
3. The formulas for the sugars and bases in the nucleotides of DNA
4. The number of nucleotides in DNA, and a graphic of the double helix structure of DNA
5. A graphic figure of a human, the dimension (physical height) of an average man, and the human population of Earth
6. A graphic of the Solar System indicating which of the planets the message is coming from
7. A graphic of the Arecibo radio telescope and the dimension
(the physical diameter) of the transmitting antenna dish

Let's Eat Out!

Bombing For Peace Is Like Fucking For Virginity

Look Mom No Future

Fuck inner values, let's celebrate the beauty of shallow superficialities.

A Best Of Erlkoenig Car Disguise Camouflage Foil Snap Shots.

Auch Arme haben Beine.

Dieses Schnitzel ist wirklich eine gelungene Abwechslung zum Wiener Schnitzel.
Die Schnitzel nach Belieben klopfen. Gewürzt wird jetzt mit Salz, Pfeffer und etwas geriebenen Muskat. Eine Seite der Schnitzel mit süssem Senf und die andere Seite mit Meerrettich einstreichen. Dann die Schnitzel in Ei und Semmelbröseln panieren und in reichlich Butterschmalz auf beiden Seiten goldbraun braten.
So wäre das Münchner Schnitzel fertig.
Da wir aber ein Altbayerisches Schnitzel wollen, legen wir die fertigen Schnitzel in eine Backform, streuen geriebenen Käse darüber und überbacken die Schnitzel 15 Minuten bei 170°.
Dazu passt Kartoffelsalat.

Ich trink Ouzo,
und was machst Du so?

I miss u Dad and love u.

Wählen ist wie Zähne putzen.
Macht man's nicht, wirds braun!

Sagte er nicht immer „I'll be back"? Schwarzenegger, vormals Actionheld, heute Gouvernator. Er hat ein sehr prägnantes Gesicht und stets einen etwas einfältigen Blick. Die Maske fängt das perfekt ein, da ist es völlig egal, in welcher seiner Rollen Sie ihn verkörpern wollen. Oder wie er sagen würde: „Hasta la vista, Baby"!

US artist Paul McCarthy brings giant inflatable «Tree» to Paris.

Riding hard, high in the saddle
Winged steed of unwearing flight
Sweeping through air just like fire
Swift of the foot, great of might
Hear the screams
Feel the bite
We ride with death
Tonight

Hüt en Rappe, morn en Rappe, git e
schöni Zipfelchappe.

Treffen sich zwei Kerzen. Fragt die eine:
«Was machst du heute Abend?»
Darauf die andere: «Ich gehe aus.»

«Einer wie ich, der 20.000 Milliarden auf dem Konto hat, muss sich mit Leuten wie euch herumschlagen! Ich werde euch Postkarten von den Bahamas schicken.»

Don't write when you're angry.
You just look stupid.

Extacy!
Extacy!
There's no reason to be disturbed.
Extacy!
Extacy!
Extacy!

Flash ist veraltet.

Ich hatte letztens einen abgefahrenen Traum, darin gab es ein krasses Bild von dir, das glaube ich nicht existiert, du aber vielleicht malen solltest!

I'm hotter than the sun on the 4th of July
I can sweet talk you mamma, make you want to cry
Like dynamite baby, by the load
An' just a kiss from you mama I'm libel to explode

Any Pizza
Any Size
Any Crust
Any Toppings

Israeli Artillery Corps: Bli Siyua, Ha-chir Lo Yanua (Without Support, the Infantry Won't Move)

1770 in Queensland ist der einzige Ort der Welt, dessen Name nur aus Ziffern besteht.

Hopp
katzseckalig
Klock
kluppig
krömla
Krömli
Lalli
Galöri
Phohl
Lilache
load

löanterig
lüüb
lüübi Suu
Meaktig
Moatli
Möatali
nobas
nodara
oataloas
pfuuffa
Plaampi
Scholla
Scholla Hanf
Serbel
Süderi
südere
Törgga
Törggaribel
Treatrad
üh heba wäam köarscht?
Wedagäanta
Züche

This will be the question of all questions

Hoi i bin der Oli und programmiere den ganzen Tag.

Supershitty to the Max!

3 Kardashian Shockers!

John Rambo:
War is natural.
Peace, that's an accident.

De Dicksack im Schlaraffeland

Whoa. That's amazing. Seriously!!

Treffen sich zwei Zapfsäulen. Sagt die eine: «Na, wie geht's?» Sagt die andere: «Normal, und Dir?» «Super!»

Shout it out loud
Three, two, one and
Gonna get down for the heavyweight blaster
B for Baxxter, I'm the rebel MC

Gonna get down for the heavyweight blaster
B for Baxxter and the chicks for free

Gonna get down for the heavyweight blaster
B for Baxxter, I'm the rebel MC

Gonna get down for the heavyweight blaster
B for Baxxter and the chicks for free

I Can't Believe We Still Have To Protest This Crap.

Du bist der Grund warum die
Geburtenrate sinkt!

Treffen sich zwei Magnete. Sagt der eine: «Was soll ich heute bloss anziehen?»

Nur Pizza macht spitza!

Zutaten
250 g Mehl (Typ 550), 550 g Roggenmehl, 100 g Trockensauerteig, Koriander, Piment, gemahlener Kümmel, 2 Teelöffel Salz, 1 Pkt. Trockenhefe, 1 Teelöffel Zucker, 5 dl Wasser

Loneliness adds beauty to life. It puts a special burn on sunsets and makes night air smell better.

The Beer so Good it's Bad.

Sitzt ne Kuh auf der Parkbank und strickt sich ein Fahrrad. Kommt ein Polizist vorbei und sagt: «Angeln ist hier verboten.» Sagt die Kuh: «Was interessieren mich die Erdbeerpreise! Ich hab doch Gummistiefel an!»

Castration – The Advantages and the Disadvantages

Pizzas delicious.
Pizza nutritious.

How come you press harder on a
remote control when you know the battery is dead?

The first truly feminine cigarette –
almost as pretty as you are.

Salvador Dalí believed he was his dead brother's reincarnation. There is also a portrait or a silhouette of Dalí in every one of his paintings. He produced over 1500 paintings, many of them regarded as masterpieces, and pretty much single handily kept the mainstream surrealist movement alive.

Some magicans can walk on water,
Chuck Norris can swim through land.

Q: What is the difference between a banjo and a chainsaw?
A: You can turn off a chainsaw.

[the Terminator arrives naked and encounters some punks]
Punk Leader: Nice night for a walk, eh?
The Terminator: Nice night for a walk.
Punk: Wash day tomorrow? Nothing clean, right?
The Terminator: Nothing clean. Right.
Punk Leader: Hey, I think this guy's a couple cans short of a six-pack.
The Terminator: Your clothes ... give them to me, now.
Punk Leader: Fuck you, asshole!

Ich möchte sagen, dass die Welt unter meiner Führung freier und friedvoller geworden ist und Amerika sicherer.

I'll say that the world is more peaceful and more free under my leadership, and America is more secure.

Wer schwankt hat mehr vom Weg!

I'm Tired

We're stupid ask evolution

Who can see my stuff?
Who can contact me?
How do I stop someone
from bothering me?

Wie sieht das bei Ihnen aus?
Sind Sie ein guter Handwerker?

How many famous
painters can you name?

Ein nicht gezinkter Würfel, also ein Würfel
bei dem jede Augenzahl gleich wahrscheinlich ist,
bezeichnet man als Laplace-Würfel. Bei
diesem Würfel ist die Wahrscheinlichkeit eines
Elementarereignisses immer 1/6. Das be-
deutet, wenn der Laplace-Würfel 600 mal
geworfen wird, dann erwartet man, dass
jede Zahl 100-mal erscheint.

Mir ist langweilig, ich bin müde, mir ist kalt, ich hab Hunger!

Apple, la tyrannie du cool.

Microwave Massacre

I'm an identical twin and someone asked me if I ever woke up and thought I was my brother.

Ich bin mal an Fasnacht als Saddam Hussein gegangen. Alle haben gedacht, ich bin eine Katze.

Der Pizza Fixxa

Hoffe du hast dies schnell erhalten, ich bin
nach Manchester, UK verreist und habe meine Tasche
verloren samt Reispass und kreditkarte. Die
botschaft ist bereit, mich ohne meinen Pass fliegen zu
lassen. Ich muss nur noch für mein ticket und
die hotelrechnungen zahlen. Leider habe ich kein Geld

dabei, meine kredit karte könnte helfen aber die ist auch in der Tasche. Ich habe schon kontakt mit meiner Bank aufgenommen, aber sie brauchen mehr zeit, um mir eine neue zu schicken. Ich wollte dich fragen ob du mir ein bisschen Geld so schnell wie möglich leihen kannst. Ich gebe es dir zurück sobald ich da bin. Ich muss unbedingt den nächsten Flug bekommen.

Ich warte auf deine Antwort ...
Peter Hubacher

Malaysia ekelt sich vor
Halloween-Gags zu MH370

Die Liebe ist wie eine einsame Berghütte,
du findest nur vor, was du selbst mitgebracht hast.

Ich hab keine Macken!
Das sind Special Effects!

I have no problem paying taxes because roads don't pave themselves.

We should do this more often

Am I the only college student I know who is not going for some lame-ass fucking arte degree? The're fucking useless in real life and 99% of art students are eigher pretentious hipster fucks or too goddamn lazy to get a real education. If the terrorists win and come here and start bombing, I hope they take out the coffee shops first. And these stupid-ass art students and their bullshit art degrees.
Sorry
Please forgive me

More Doctors Smoke Camels
than any other Cigarette

Die Wahl von George Clooney, im Luxus-Hotel Aman Canal Grande Venice zu heiraten, ist absolut nachvollziehbar!

Ganja-Yoga:
Kiffen bis zur Erleuchtung.

All those fairytales
are full of shit

one more fucking
love song
I'll be sick.

Tim Gavin:
From Fat Ass
To Bad Ass

The Californian group play punishing, ultra-dark metalcore. It rarely gets more brutal than this.

Time is the new currency

Geteilte Leut' sind halbe Leut'.

Komet Halley
Halleyscher Komet
1P/Halley
1986

Gay's Anatomy

Fifth U.S. Army
"Firepower For Land Power"

African Tribal Art
African Primitive Art

The best pizza in town ... honest!

Stay out of Ukraine.
No war with Russia.
Not our fight.
Not our business.
I won't kill for this.
I won't die for this.

A Poem in 4 Parts

Part I
Fuck you
Part II
Fuck you
Part III
Fuck you
Part IV
Fuck you

You're not too smart, are you?
I like that in a man.

Isch dä Systemkritik mit
Turnschuh nid möglech?

Campari
Feeling

Dear Beni,
I hope this email finds you well. Please allow me to introduce myself, my name is Philip van Dedem and I am a research manager at the Artist Pension Trust. One of our Head curators, Adam Budak has nominated you to the Artist Pension Trust. I would like to congratulate you for being accepted to join The Artist Pension Trust (APT).

in the company of greats!

We are Michael Brown.

Optimismus ist: Aus einem Weizenkorn
wird irgendwann ein Fass Bier!

The only cure for a real hangover is death.

Der Fisch, den man nicht fängt, ist immer gross.

Ich sitze hier und trinke Bier.
Wäre wirklich gern bei dir.
Starkes Sehnen, starkes Hoffen.
kann nicht kommen – bin besoffen!

Jessica Simpson Has a Cold.

War is not healthy for children,
and other livin things.

I've been alone with you inside my mind
And in my dreams I've kissed your lips a thousand times
I sometimes see you pass outside my door
Hello, is it me you're looking for?
I can see it in your eyes
I can see it in your smile
You're all I've ever wanted, (and) my arms are open wide
'Cause you know just what to say
And you know just what to do
And I want to tell you so much, I love you ...

Mein Kopf raucht angenehm.

Slipery Slope

Bigroom blitz
International bitch
It's, it's the bigroom blitz
Turn it up

sehr gut – very good

Akte Wixx

Our Happy Hardcore

E Blondine tätscht ines Auto.
De Fahrer rüeft: Du blöds Huehn,
hesch d Fahrprüefig überhaupt gmacht?
Si giftig: Ja du Aff, sicher es
paar mal meh als du!

Tritt den Faschos in den Sack, damit sich nicht vermehrt das Pack.

Infasion of the Body Snatchers
Breakfast On Tiffany

Hier spricht der automatische Anrufbeantworter der Familie X. Wir werden derzeit wegen Mordes gesucht und sind deshalb zwangsläufig verreist. Sobald uns das FBI nicht mehr auf den Fersen ist, melden wir uns umgehend zurück.

Rome Must-Dos.

Der Herr ist mein Hirte ...
Nichts wird mir fehlen. Er weidet mich
auf saftigen Wiesen
und führt mich zu frischen Quellen.
Er gibt mir neue Kraft.
Er leitet mich auf sicheren Wegen,
weil er der gute Hirte ist.
Und geht es auch durch dunkle Täler,
fürchte ich mich nicht, denn du, Herr,
bist bei mir.
Du beschützt mich mit deinem Hirtenstab.

Refuse to Lose

Hochaltar-Ziborium im Petersdom

Lamborghini Gallardo
Lamborghini Espada
Lamborghini Countach
Lamborghini LM002
Lamborghini Diablo
Lamborghini Murciélago
Lamborghini Gallardo
Lamborghini Aventador
Lamborghini Veneno

Der Name der Hose

Dynamited Chicken – Term originating in the Navy referring to either chicken cacciatore or chicken a la king.

Terrorist attacks can shake
the foundations of our
biggest buildings, but they
cannot touch the foundation
of America. These acts
shatter steel, but they cannot
dent the steel of American
resolve.

Your body is a war zone
but you are not a ruin.

It's a Jungle out there!

Christoph Schlingensief husten zu hören,
tut mir in der Seele weh.

Epileptic Techno

Ep-Ep-Ep
Ep-Ep-Ep-Ep
Ep-Ep-Ep
Ep-Ep-Ep-Ep Ep-Ep-Ep-Ep Epileptic

Ep-Ep-Ep
Ep-Ep-Ep-Ep
Ep-Ep-Ep
Ep-Ep-Ep-Ep Ep-Ep-Ep-Ep Epileptic

For all you do, this Bud's for you.

How do you have the best life possible?
a. Forever beat yourself up for choices you've made in the past.
b. Constantly live in fear about the future.
c. Always judge your life by what you think others have.
d. Decide rith now that you are enough and set yourself free.

Kinderhilfswerk (UNICEF)

Ein Buckliger zum Bäcker:
«Ich hätte gern ein Graubrot.»
Sagt der Bäcker: «Schluck
doch erst mal das letzte runter!»

Wer passt zu mir? So finden Sie den
Partner fürs Leben – ganz in Ihrer Nähe.

Plink, plink, fizz, fizz.
Because life's complicated enough.
Snap! Crackle! Pop!
Raise your hand if you're sure

Zwei Hühner gehen im Kreis. Sagt das eine: «Guck mal, da vorne ist eine Kurve!»

Halte dich an die Grenzen, die Allah gesetzt hat,
und du wirst immer zufrieden sein.

Was haben ein Goldfisch und ein Laserstrahl gemeinsam? Sie können beide nicht pfeifen.

Wendy Torrance: [crying] Stay away from me.
Jack Torrance: Why?
Wendy Torrance: I just wanna go back to my room!
Jack Torrance: Why?
Wendy Torrance: Well, I'm very confused, and I just need time to think things over!
Jack Torrance: You've had your whole *fucking life* to think things over, what good's a few minutes more gonna do you now?
Wendy Torrance: Please! Don't hurt me!
Jack Torrance: I'm not gonna hurt you.
Wendy Torrance: Stay away from me!
Jack Torrance: Wendy? Darling? Light, of my life. I'm not gonna hurt ya. You didn't let me finish my sentence. I said, I'm not gonna hurt ya. I'm just going to bash your brains in.
[Wendy gasps]

Dude I dunno why.

I walked with a Zombie

others who helped out:
kid_gloves, mathboychoi, wogbog, Scifi_Saint, JesusT-heNinja, Six_o_the_Clock, Amstad, Bockop, lardopi-rate, saeta, nomefm, DanOrDanny, dejan_malcic, aaktt

Je weniger Haare man hat,
desto mehr Gesicht muss man waschen.

Nur Tote überleben

Pantone Radient Orchid
Color of the year 2014.

Actimel activiert Abwehrkräfte.

Are you rich?
I'm single!

Henry Rollins
Liar
Higher Quality

If a cat always lands on its feet,
and buttered bread always
lands butter side down, what
would happen if you tied
buttered bread on top of a cat?

The Dog Formerly Known As Prince

Darf man über Träume
oder Visionen diskutieren?
Oder werden derartige
Erlebnisse sowieso gleich
in den Bereich der Fantasie
abgetan? Zählen nur
“handfeste” Beweise?

This is my
protest sign

Inseln – Paradies und Hölle

Untouched Africa:
Gorillas of the Congo Basin

I got magic and I got poetry in my fingertips.

Think big.

Schade dass am Ende des Geldes
immer noch soviel Monat über ist.

Wir helfen den Menschen, Stress abzubauen.

Wenn's um Geld geht –
Sparkasse

Wer hat an der Uhr gedreht?

Superbird B2
Optus D1
Superbird A
Intelsat 602
Optus C1
Superbird C
Superbird C2
Koreasat 3
Koreasat 2
Koreasat 5
Galaxy 11

Vertical Videos Are The Worst

Wenn ich's mir recht überlege,
hat das ganze Überlegen keinen Sinn.

Der Sexorzist

Lieber vom Leben gezeichnet als von Rolf Knie gemalt.

This is the way the world ends; not with a bang or a whimper, but with zombies breaking down the back door.

Watch the First Official Video
From Macaulay Culkin's Band
The Pizza Underground

Radikal schön oder
radikal irgendwas

Es gibt Dinge, die kann man nicht kaufen.
Für alles andere gibt es Mastercard.

Robert Geiss versteht zwar jede Menge Spass, zeigt seinen Kindern aber auch Grenzen auf: «Wer keine Hausaufgaben macht, fährt auch keinen Jetski!»

Back to the family
A guaranteed emergency
The radical MC H.P.'s got the melody
ONE – TWO – THREE – FIRE!
Sharpen the mix to all kind of tricks

Up to the pressure feeling the kicks
You love the sound we need you to go
Up and down, chilli bow – chilli bow
Back to the family
A guaranteed emergency
The radical MC H.P.'s got the melody
ONE – TWO – THREE – FIRE!

Molotowcocktail, auch Brandflasche oder Benzinbombe, abgekürzt häufig auch Molly genannt, ist eine Sammelbezeichnung für eine Vielzahl einfacher Wurfbrandsätze, wie sie bei Aufständen, Krawallen, Strassenschlachten oder in Guerillakriegen zur Verübung von Brandanschlägen verwendet werden.

Eine Woche im KFC
wegen Liebeskummer

Tips For Artists Who Want To Sell:
Generally speaking paintings with light colors sell more quickly than paintings with dark colors.

A Freudian slip is when you say
one thing but mean your mother.

Let me see you do your thang!
I can't. Why not? Just can't! Why not?

I'm lovin' it

Immer trag ich dich im Herzen, immer hab ich dich im Sinn, niemals werd ich dich vergessen, wenn ich auch nicht bei dir bin!

Saufen ersetzt Yoga

Am Fusse des Leuchtturms ist es dunkel.

Chuck Norris hat den Niagara Fall gelöst.

Jackson Pollock often used cigarettes to paint.

my body
my choice
Bang Hur

Beni, we can help stop Ebola. Let's support organizations working in West Africa so they can stop the disease and save lives.

The Gay after Tomorrow

Die Geissens besuchen die Ruinen der Akropolis in Athen. Robert bemängelt: «Es ist bisschen kompliziert, den Kindern das ganze verständlich nahezubringen. Akropolis ist ja auch ein komplizierter Name. Sie hätten das Ding ja auch anders nennen können, wie Nutella oder so. Das hätten sie dann auch besser kapiert.»

David Lynch designs a sportswear collection for women.

Altern: Älterwerden für Anfänger:
Warum 40 mehr als 20 ist

My friend «M» says the irony of being a zombie is that everything is funny, but you can't smile, because your lips have rotted off.

OMG Paradise

Snakes on a Train

Das System steht momentan leider nicht zur
Verfügung. Bitte versuchen Sie es später noch einmal.
Wir danken für Ihr Verständnis.

A young man's mother is bitten by a
Sumatran rat-monkey. She gets
sick and dies, at which time she comes
back to life, killing and eating
dogs, nurses, friends, and neighbors.

Boys are stupid,
throw rocks at them.

Bro fist
with a
fat cat

David Copperfield geht durch die chinesische Mauer

DC erklärt, er würde die chinesische Mauer durchschreiten. Helfer führen ein Gerüst mit einer Treppe vor die Mauer. Dieses Gerüst lässt sich von allen Seiten mit weissem Tuch verschliessen, von hinten strahlt ein Scheinwerfer drauf. Zuschauer stehen oben auf der Mauer. Über eine Satellitenschüssel (!) wird sogar sein Herzschlag empfangen und auf einem Monitor angezeigt.
Nachdem das Gerüst vorbereitet wurde, geht DC hinein; er ist als Silhouette zu sehen. Er reicht noch sein Handtuch an einen heraus. Die Treppe wird von zwei Helfern weggerollt. Nun sieht man wie die Silhouette von DC in die Mauer hinein gleitet. Nachdem dies erfolgt ist, reissen die Helfer die weissen Laken weg, und schaffen das Gerüst beiseite. Die Mauer sieht unbeschädigt aus. Nun bereiten Helfer das Gerüst auf der anderen Seite vor. Zunächst wird ein weisses Tuch von zwei Helfern an die Mauer gehalten, man sieht wie zwei Hände versuchen herauszukommen, doch ohne Erfolg. Die Herztöne sind nun nicht mehr zu hören. War es zu früh, hat DC versagt? Die Helfer bereiten das Gerüst nun so vor wie vorher, die Herztöne setzen auch wieder ein. Nachdem die weissen Laken gespannt sind, sieht man wie DC's Silhouette aus dem Mauer kommt, schliesslich reisst DC das Tuch herunter.
Grundlage des Tricks ist dass DC nur über die Mauer geht. Er tut dies entweder in dem Gerüst, oder in der Treppe. Dies ist daran zu erkennen, dass beide Teile weg geschafft werden. Zwar sieht der TV-Zuschauer nicht, wie sie über die Mauer geschafft werden, aber warum

würde man sonst nach dem Eintritt in die Mauer ein offensichtlich leeren Gerüst wegschaffen?
Gerüst oder Treppe? Für das Gerüst spricht dass viele Zaubertricks auf «dicke Böden» (Böden mit Aufsatz, sieht aus wie «konstruktionsbedingt») basieren, für die Treppe spricht dass ich einen Tip von einem «unethischen» Nachwuchszauberer bekommen habe. Wenn die Treppe weggerollt wird, ist zu erkennen, dass sie hinten breiter als vorne ist. Da es keine Wendeltreppe ist, macht dies kein Sinn. Auffallend ist ausserdem, dass die Helfer bewusst niemals auf den Platz treten, der auf dem Gerüst über der Treppe ist (d.h. der Punkt, wo die Treppe unter dem Gerüst endet. Dort ist also ein verdecktes Loch. Bemerkenswert ist auch, dass die Treppe wackelt kurz bevor der letzte Helfer am Ende das Gerüst verlässt, als die Laken gespannt sind (zu dem Zeitpunkt ist jedoch keiner auf der Treppe!).
Das Erscheinen des Umrisses von DCs Händen geschieht durch die Helfer selbst: es sind deren Hände die dort «arbeiten».
Zur Silhouette von DC beim Eintritt in die Mauer bin ich unsicher. Nach der oben erläuterten Theorie ist er ja zu diesem Zeitpunkt schon in der Treppe. Denkbar ist hier ein Film, d.h. der Scheinwerfer ist in Wirklichkeit ein Projektor. Die Silhouette beim Austritt ist wohl ehr DC selbst, der sich im «toten Winkel» des Scheinwerfers befindet, und dann langsam in den Kegel des Scheinwerfers hält.

Im Kopf habe ich gerade die weiblichen
Intellektuellenfrisuren strukturalistisch gruppiert:
1. sehr lange Haare
2. sehr kurze Haare
3. kurzer Nackenschnitt mit demonstrativ langer
Haartolle im Gesicht
4. additiv dazu überdimensionierte Ohrringe.

Ich bin Tom Taylor, Notar vom Beruf und vertrete einer Ihrer Landesmann, der bei dem Ölunternehmen Shell in Lome, Togo arbeitete. Am 27 June 2007 hat meinen Kunde mit seiner Frau und ihrer Tochter einen schweren Unfall auf Novissi Strasse gemacht. Unglücklicherweise sind alle Insassen ums Leben gekommen. Seit dem habe mich auf der Suche nach seinen engen Verwandten bei der deutschen Botschaft hier in Lome gemacht. Aber leider ist es mir bis jetzt nicht gelungen sie, zu finden. Nach vielen erfolgslosen Versuchen habe ich entschieden seine Spuren bei der togoischen Handelskammer, zu verfolgen, mit der Hoffnung einer seiner Verwandte zu finde. Dort bin ich auf Ihren Namen gekommen und ohne zu zögern nehme ich direkt Kontakt mit Ihnen. Ich habe entschieden Sie zu kontaktieren, damit Sie mir helfen eine Summe, deren Betrag $9,5Mio (Neun komma fünf Millionen US Dollar) zurückfzuühren, dic mein seinem Konto hat,bevor sie von der Bank beschlagnahmt wird oder ungültig erklärt wird. Die Bank hat mir schriftlich angemeldet ihr den Namen einer seiner Verwandten in den kommenden 20 Tagen, zu geben, sonst wird das Konto beschlagnahmt. Da ich seit fast einem Jahr keiner seiner Verwandten gefunden habe, bitte ich Sie um Ihrer

Eiwilligung, damit ich Sie als sein Verwandter bei der Bank erkläre. Sie haben denselben Namen wie er und deshalb möchte ich, dass Sie als seinen Verwandte stehen damit das Geld Ihnen bezahlt wird. Aber zuvor möchte ich Ihre ganze Zustimmung bekommen. Danach werden wir über Ihren Anteil an dieser Summe und die Zahlungsbedingungenb diskutieren. Ich verfüge über alle notwendigen Informationen und gesetzlichen Dokumente, um die Beanstandung zu unterstützen.Alles, was ich von Ihnen verlange ist eine ehrliche Kooperation von Ihnen, damit die Transaktion keine Probleme kennt. Ich versichere Sie, dass alles gesetzlich vollzogen wird.
Antworten Sie mir auf meiner privaten E-MAIL:
firm2010@gmail.com
Mit freundlichsten Grüssen
Barrister Tom Taylor, Esq.

Will ne Kuh im Park auf ner Wiese Fussball Spielen. Kommt der Parkwärter vorbei und sagt: «Sie dürfen hier nich rauchen». Sagt die Kuh: «Wieso, ist es denn schon Halb sieben?»

Alkohol du holder Saft, gibst uns Power gibst uns
Kraft, wir trinken dich, du haust uns nieder, wir stehen
auf und trinken wieder!

Poetry, Dan Colen (2010) via New York Times

Ein professor für theoretische physik
zum schaffner: «entschuldigung,
hält an diesem zug auch heidelberg?»

Bottenwil:
Mer rede metenand!

Stand up.
Your father's passing.

Kann mir bitte mal jemand das Wasser reichen?

Are there gravity in India?

Hunting Alongside
Gorillas and Pygmies

Schön ist es auf der
Welt zu sein

No need for weed

Jack Torrance:
[smashing the door to bits with an axe]
Wendy, I'm home.

Nicht überlegen, bestellen!

This message (and any attachments) may contain confidential and/or legally privileged information. Its contents are intended solely for the addressee.
If this message has reached you by mistake you are kindly requested to delete it forthwith without in any way reprdoducing any of its contents. Please also inform the sender immediately. Thank you.

Du bist so hell wie ein Tunnel!

Books, records, films –
These things matter.

I'm a nut, but not just a nut.

Human beings don't have a right to water.

Destrocity game online
You are a giant and you are very very hungry! You need blood, so don't hesitate and eat people. The army wants to kill you, defend yourself. How many people can you eat, kill and can you destroy city? Let's see!
Controls: arrow keys – movement, left mouse button – attack, e – eat people | Tags: destrocity |
Category: Brutal

Stichwort:
«Ernährungskrise am Horn von Afrika»
Bank für Sozialwirtschaft
Konto 97097
BLZ 37020500

Big Bang

Finger-lickin' good

Russians Are Bad Ass!

Keep Calm and Eat a Cookie
Climate Change is a crime
against humanity

Hornbach –
Es gibt immer was zu tun

If you smoke, please smoke Carlton

Big Frank
Big Frank was having his hair styled at the hairdresser's when a lorry smashed into a car, outside. Draped in a cape, his hair divided with aluminium clips, Frank, an ex-paratrooper corporal raced out to the car and found the driver unhurt. The lorry driver, however, was slumped over the wheel, unconscious. Big Frank lost no time in applying his army acquired CPR techniques, including mouth-to-mouth resuscitation. The lorry driver recovered consciousness several times, but kept passing

out again. Soon the ambulance arrived with the paramedics and took over, and Frank returned to his barber's seat. ‹I just don't understand why he kept passing out, he said to the hairdresser. ‹I did everything they taught me.› ‹Well, put yourself in the lorry driver's place,› said the hairdresser. ‹He's driving down the street without a care in the world. The next thing he knows, he's waking up to see some big guy in a green cape with a head full of wires pounding on his chest and kissing him. You'd pass out too›

There was a terrible bus accident. Unfortunately, no one survived the accident except a monkey which was on board and there were no witnesses. The police try to investigate further but they get no results. At last, they try to interrogate the monkey. The monkey seems to respond to their questions with gestures. Seeing that, they start asking the questions. The police chief asks, «What were the people doing on the bus?» The monkey shakes his head in a condemning manner and starts dancing around; meaning the people were dancing and having fun. The chief asks, «Yeah, but what else were they doing?». The monkey uses his hand and takes it to his mouth as if holding a bottle. The chief says, «Oh! They were drinking, huh??!» The chief continues, «Okay, were they doing anything else?» The monkey nods his head and moves his mouth back and forth, meaning they were talking. The chief loses his patience, «If they were having such a great time, who was driving the stupid bus then?» The monkey cheerfully swings his arms to the sides as if grabbing a wheel.

Blöde Party, wenn ich meine Hose finde, gehe ich!

Nüchtern betrachtet war es besoffen besser!

When the big tree falls, the goat eats its leaves.

Good listener, can ya hear me!?

Stupid Poem 1
Smart Has the Brains
Stupid has the Balls

Stupid Poem 2
Smart critiques
Stupid creates

Spinat schmeckt wesentlich besser, wenn man ihn kurz vor dem Servieren durch ein Schnitzel ersetzt.

New
Bacon
Cheddar
Ranch Fries

Indonesian Navy: Jalesveva Jayamahe
(«On The Sea We Are Glorious»)

Die Wahrheit liegt auf dem Platz.

Hinten dicht, vorne hilft der liebe Gott

Die Klasse Ottersbach – Die Pferde sind tot!

Sackfrech wie eh und je: Beni Bischof

E=mc2

Die meisten Schweden
leben in Schweden

Weine nicht, wenn der Regen fällt
Dam Dam, Dam Dam
Es gibt einen der zu Dir hält
Dam Dam, Dam Dam

Wenn Du wissen willst, wie man ein angenehmes Luxusleben führt und was man dazu braucht, kannst Du Dir von uns live im deutschen Fernsehen zeigen lassen, wie einfach man heute Geld verdienen kann, ohne sich die Finger schmutzig zu machen. So etwas Geiles hast Du noch nicht gesehen! Jetzt zu www.Leben-ohne-Arbeit. info kommen und bumsen, koksen, Party machen!
Alles Gute
Julia Neubauer

No blood

I am the Great Cornholio, I need T.P.
for my bunghole

Im Frühtau zu Berge, wir gehn, fallera, es grünen die Wälder und Höhn, fallera.
Wir wandern ohne Sorgen singend in den Morgen noch ehe im Tale die Hähne krähn.
Ihr Menschen, vergesst eure Qual, fallera, kommt mit uns auf die Höhn aus dem Tal, fallera.
Wir sind hinausgegangen, den Sonnenschein zu fangen, so kommt und versucht es doch selbst einmal!

Familie ist neben Religion die einzige gesellschaftlich sanktionierte Form von Wahnsinn.

Sind Sie ein guter Mensch?
Seit wann?

«In 28 Days Later von Danny Boyle erwacht ein Mann aus dem Koma, nur um festzustellen, dass es überall nur so vor Zombies wimmelt.»

Jack Torrance:
Hi, I've got an appointment
with Mr. Ullman.
My name is Jack Torrance.

Big Dick Is Back In Town

Stadler Rail verliert Grossauftrag.
Manor-Preis geht an Beni Bischof.

I changed but it feels the same

Polizist Darren Wilson erschoss den unbewaffneten Michael Brown (†18). Die Grand Jury kommt nach tagelanger Diskussion zum Schluss, dass Wilson in dieser Sache nicht angeklagt wird. Ferguson brennt!

Auch Du kennst wen bei wer kennt wen!

Appetit gut, alles gut!

Chuck Norris hat beim
Schwimmen Amerika entdeckt.

Gimme gimme shock treatment
Gimme gimme shock treatment
Gimme gimme shock treatment
Gimme gimme shock treatment
Gimme gimme shock treatment
Gimme gimme shock treatment
Gimme gimme shock treatment
I wanna, wanna shock treatment

Taste Me!
Taste Me!
Come on and Taste Me!
Once

Girl, it's so true
All of my lovin' for you
It's all so true
So true, Baby
OOOOOOOH

Dem Universum ist mal
wieder alles scheissegal, ja?

Ist ein Raumschiff, das ausschliesslich mit Frauen besetzt ist, eigentlich unbemannt?

Du wirst von Tag zu Tag hübscher und siehst heute schon aus wie nächste Woche!

Wer ohne Alkohol lustig sein
kann, der ist primitiv!

Pizza Hut Cheesy Crust

Aber eins kann ich dir versprechen: Wer auch immer auf dich in Columbus wartet, wird kein bisschen hübscher sein, als unsere süsse Maus hier, die sich ein paar Rippchen reinhaut.

Das Magazin stellt die Frage,
ob die moderne Kunst immer schlechter wird,
mit Bildern von Beni Bischof.

America felt safe behind two great oceans.
But with the spread of technology,
distance no longer means security.

Alzheimers Awareness Day
Make it a day to remember

Xerox
Wenn Xerox Toaster herstellen würde, könnte man entweder ein- oder zweiseitig toasten und alle nachfolgenden Scheiben würden heller und heller werden. Aber der Toaster würde das Brot auch für sie pressen.

White trash at it's best.

Are you ready for the magic?

Ich schimpfe nie beim Autofahren –
ich raste direkt aus.

Je höher der Baum,
desto neidischer
der Wind.

The scariest thing in the world
is thinking someone you love
is going to die.

Q: How do you fix a broken tuba?
A: With a «tuba glue.»

Alle ander'n kannst Du knicken.

I like to see the glass as half full,
hopefully of Jack Daniels.

Can we haz peace?

Cover Your Lover

Stottern ist heilbar:
ZDF Hallo Deutschland am 05.11.2013

All I want is the place I think I've found
When I look into your eyes
All I know is that I'm tired of the world around me
Please don't ignore me

I was told there would be cake

Die Pflicht, sich im Auto anzuschnallen,
heisst Gurtenobligatorium.

You're A Blizzard Harry.

The high five is a hand gesture that occurs when two people simultaneously raise one hand each, about head-high, and push, slide, or slap the flat of their palm against the flat palm of the other person. The gesture is often preceded verbally by a phrase like «Give me five» or «High five» Its meaning varies with the context of use but can include as a greeting, congratulations or celebration.

Trendige Speisekarten
Inidviduell nach Ihren Wünschen
und Bedürfnissen hergestellt

DJ FANESSA –
Gute Musik für faire Preise

What we've got here ...
is failure to communicate.

An meine Haut lasse ich nur Wasser und CD.

Liquidierungen von Terrorführern sind keine Liquidierung des Terrors.

Please be safe.
Do not stand, sit, climb or
lean on fences.
If you fall, animals could eat you
and that might make them sick.
Thank you.

Auch die schönste Frau ist an den Füssen zu Ende

I'm not Mother Teresa,
but I'm not Charles Manson, either.

Manche Menschen können viele
Liegestützen – Chuck Norris kann alle.

Here we go again
Yes!
Haaa!
I wanna fuck ... I wanna fuck ... I wanna fuck
FUCK THE MILLENNIUM!!!

Congo Wilderness Safari

Painfully thick.

scho no sehr geil.
gross auch geil.
scho no geil.
sehr geil.
geil.
Sng

Quasimodo und seine sieben Glocken

Gibt es in einer Teefabrik Kaffeepausen?

Hallo!
Mein Name ist Reinhard Siegel,
ich bin der Betreiber von www.sorgenfreileben.com und biete Ihnen die allerbeste Alternative zu Hartz4!
Schauen Sie jetzt vorbei und staunen Sie wie einfach es ist, auch ohne Hartz4 und Arbeitsamt zu Geld zu kommen – Sie werden absolut begeistert sein und nie wieder beim Staat betteln gehen – mein Wort drauf!
Liebe Grüsse
Reinhard Siegel

Why don't you fucking go
to Restaurant Habsburg

love is all around ,
love is all around
love is all around
love is all around ,
everywhere you look
love is all around
see it in the eyes of a mother and her child
see it in the eyes of a friend
love is all around ,
love is all around
love is all around

Prepare for attack
Your body will burn
Endless war
There's no return
Prepare for attack
Death will arrive
Your orders are clear
No way to hide
Fight till death

David Foster Wallace was right:
Irony is ruining our culture

Mom, are we in a movie?

I'm so Angry I made a Sign

Ficki und die starken Männer

Es gibt kein schlechtes Wetter,
nur die richtige Kleidung.

En Tag isch wieder fascht verbii, i hoffä s isch für di e schönä gsi, mit wenig Leid u ganz viu Sunnä, das mögt i dir vo Härzä gönnä!! Guet Nacht, schlaf guet.

Smart Safari
Congo Bongo
Monkey

Leute legt euer Geld in Alkohol an,
wo sonst gibt es 40 Prozent!

The Infinite Teen Slang Dictionary

Alexandre Mattiussi: Designer ohne Komplex

„Das ist zu wahr,
um schön zu sein!“

Das Wort zum Sonntag

«The ball is round,
make sure you pass it around»

I'd walk a mile for a Camel

Thaddäus: „Mann! Diese Koffer sind ja schwer. Was hast du da drin?! Wackersteine?!" (Wackersteine fallen aus Patricks Koffer) „Das sind Wackersteine! Patrick, wieso hast du Wackersteine in deinen Koffern?!" Patrick: „Misch' dich nicht in meine Privatangelegenheiten!"

Sitzt eine Kuh auf einem Baum. Kommt eine Birne vorbeigeflogen. Sagt die Kuh: ‹Birnen können doch gar nicht fliegen.› Sag die Birne: ‹Doch. Ich bin doch die Birne Maja ...›

Wer glücklich ist,
wird nichts schaffen.

Ellen Cancer Shocker!

Du bist wie Wasser – einfach geschmacklos.

4 Dicks of Death: A Marine nickname for the beef links included with beans in certain MREs. Aptly named for their foul taste and similar appearance to male genetalia.

In Africa every 60 seconds a minute passes.

Wer Visionen hat,
soll zum Arzt gehen.

Die Penetration nehmen Männer wichtiger als Frauen.

The Best Pizzas
You Remember.

The Home of the Whopper

Es war eine Mutter, die hatte vier Kinder. Das erste war unerstättlich und hat fortwährend gegessen. Das zweite war wendig und mit den Händen kaum zu packen. Das dritte lag den ganzen Tag regungslos da und das vierte Kind war unsichtbar.

U.S. Army Rangers
"No Mission Too Difficult, No Sacrifice Too Great, Duty First"

I felt great and I got rid of some stuff that I didn't realize that I was dragging around. And I said, «Whoa, I think I've become a Scientologist».

Better
Ingredients.

1. Quick-Suche
Wählen Sie ein Wort aus der Liste aus und klicken Sie auf «Und los!».

Chuck Norris mag keine Pommes,
die Pommes mögen Chuck Norris!

Don't be a douche

Direct, and to the point –
I like that in an advertising
campaign, Jenkins.

I love the smell of napalm in
the morning...
Smells like victory.

Chuck Norris kann ein
Feuer entfachen,
indem er zwei Eiswürfel
aneinander reibt.

Ich finde das ist eine
wunderbare Möglichkeit
Stimmungen auszu-
drücken.

Stop the hysteria, Stop the Malaria!

Travis Walton
ShortInfo
Travis Walton (* 20. April 1957) behauptet, am 5. November 1975 einem UFO begegnet und von Ausserirdischen entführt worden zu sein, während er im Apache-Sitgreaves National Forest in Arizona arbeitete.
Fallgeschichte:
Eine Gruppe Waldarbeiter, bestehend aus sieben Personen, will ein helles Objekt in der Form einer flachen Scheibe gesehen haben, welches über einem Holzhaufen in der Nähe des LKWs schwebte. Nach den Aussagen seiner Arbeitskollegen hatte Walton den LKW verlassen und sich dem Objekt genähert, wo er dann von einem hellen Lichtstrahl oder Blitz getroffen wurde. Die Arbeiter flohen aus Angst von dem Platz. Der Chef der Gruppe, Mike Rogers, blickte angeblich während der Flucht zurück und sah das Objekt sich aus dem Wald erheben und mit grosser Geschwindigkeit wegfliegen. Später fuhren sie zurück, um zu sehen, was mit Walton passiert war, aber sie konnten weder ihn noch das UFO finden.
Da Walton zunächst verschwunden blieb, wurde gegen seine Arbeitskollegen wegen möglichem Mord ermittelt, bis Walton nach fünf Tagen wieder auftauchte. Unter Hypnose berichtete er von einer Entführung durch Ausserirdische. Er und seine Kollegen wurden ferner mehrfach Lügendetektortests unterzogen, deren Ergebnisse widersprüchlich beurteilt wurden.

«Ich wünschte, ich hätte den Mut gehabt,
mein eigenes Leben zu leben»
«Ich wünschte, ich hätte nicht so viel gearbeitet»
«Ich wünschte, ich hätte den Mut gehabt,
meine Gefühle auszudrücken»
«Ich wünschte mir, ich hätte den Kontakt
zu meinen Freunden aufrechterhalten»
«Ich wünschte, ich hätte mir erlaubt, glücklicher
zu sein»

The biggest star,
VY Canis Majoris, is 1'000'000'000
times bigger than our sun.

Moderne Menschen – modernes Leben.
Marlboro gehört dazu.

Hallo
Hallo, Wie geht es dir? Mein Name ist Amelia. Ich bin eine Frau stosse ich auf Ihr Profil hier und ich möchte Ihnen als meinen Freund hinzuzufügen und stellen Sie eine dauerhafte Beziehung mit you. You kann mich auf meine E-Mail-ID zu finden. (am01jetbill@yahoo.in) Bitte, wenn Sie daran, mehr über mich OK sind Sie interessiert? so kann ich Ihnen mein Bild und sagen Ihnen mehr über mich. Ich werde warten, von Ihnen mit Liebe, Yours Lovely, Amelia zu hören.

Jungfrau ruht auf einer Stange, wird durchbohrt, und lebt weiter

Eine makabre (lechz!) Weiterentwicklung von «Jungfrau schwebt auf einem Schwert»: Diesmal schwebt sie nicht mit dem Ellbogen auf der Stange, sondern mit der Mitte des Rückens. Sie wird vom Zauberer langsam gedreht, später losgelassen – plötzlich wird sie durchbohrt, und sinkt so tief, dass oben ein Teil hervorkommt. Sie ist leblos. Doch der Zauberer weckt sie wieder, sie steigt wieder auf, wird heruntergeholt, alles ist wieder gut. Die zu durchbohrende Jungfrau trägt ein Stahlkorsett. Das Schwert wird hinten eingerastet. Die Mechanik ist schwarz und somit unter dem Anzug nicht zu erkennen. Das Schwert senkt sich selbst ab bzw. schrumpft wie eine Antenne. Oben klappt die Jungfrau ein kleines Teil heraus, das vorher in der Kleidung verborgen war. Durch gutes Timing (Signale durch die Musik) erfolgt alles synchron, damit die dem Zuschauer sichtbare Länge immer gleich bleibt. Die Musik dient auch dazu, das Motorengeräusch zu verdecken.
Das Ganze setzt jedoch voraus, dass die Zauberer richtig proben. In der Sendung «Up'n Swutsch» konnte man deutlich sehen, dass der obere Teil schrägt rausgeklappt wurde, und die gesamte Länge variierte. David Copperfield zeigte den Trick übrigens in seiner 1987er Sendung – seine Vorführung war, wie zu erwarten, besser!

Do it or don't. It's amazing how many
things in life are that easy.

Betty und Barney Hill
ShortInfo

Das Ehepaar Betty (eigentlich Eunice Elizabeth Barrett, * 29. Juni 1919 in Newton; 17. Oktober 2004 in Portsmouth) und Barney Hill (* 20. Juli 1922 in Newport News; 25. Februar 1969 in Portsmouth) behauptete, in der Nacht vom 19. zum 20. September 1961 einem Ufo begegnet und von den Ausserirdischen kurzzeitig in ihr Raumschiff entführt worden zu sein.

Fallgeschichte

Während einer nächtlichen Autofahrt auf einer einsamen Landstrasse in den White Mountains (New Hampshire) beobachteten die Hills ein helles fliegendes Objekt. Später fanden sie sich 60 Meilen weiter südlich in ihrem Auto sitzend wieder, ohne sich an das inzwischen Vorgefallene erinnern zu können. Die Hills meldeten ihre Beobachtung beim örtlichen Luftwaffenstützpunkt.[3] Fünf Tage nach dem Vorfall schickte Betty Hill ferner eine kurze Meldung an das private Untersuchungskomitee NICAP (National Investigation Committee of Aerial Phenomena) und wurde daraufhin von einem Mitarbeiter der Organisation befragt. Bei den Hills traten ihren Angaben zufolge einige Tage später psychische Folgen wie Albträume, Schlaffheit und Angstzustände auf. Einige Monate später suchten sie deshalb einen Therapeuten auf. Dieser vermittelte sie nach erfolgloser Behandlung Ende 1963 an den Psychiater Dr. Benjamin Simon, der sie unter Hypnose zu befragen begann.

Erst unter Hypnose schilderten die Hills zahlreiche Details einer Begegnung mit Ausserirdischen. Sie seien von zwergenhaften grauen Wesen angehalten, an Bord

eines Raumschiffes gebracht, befragt und mehrfach medizinisch untersucht worden. Betty Hill seien Haar-, Haut und Nagelproben sowie Ohrenschmalz abgenommen worden. Auch sei ihr eine Sternenkarte gezeigt worden. Später wären sie von den Ausserirdischen darauf konditioniert worden, die Erlebnisse zu verdrängen. Allerdings widersprach sich das Ehepaar bei ihren Schilderungen in einigen Punkten, beispielsweise bei der Beschreibung der Aliens.
Der schon vor dem Ereignis chronisch kranke Barney Hill starb 1969 an einer Gehirnblutung. Betty Hill vertrat ihre Version der Nacht bis zu ihrem Tod im Alter von 85 Jahren.

Bambi im Land der geilen Böcke

Bananenfick in Mosambik

Beverly Hills Cock

Black Cock Down

Blair Bitch Project

Blowing for Columbine

Bonnie in Clyde

Ich habe keinen Schutzpanzer mehr.

Delicious and Hot,
Pizza Just for You.

Worst to Best:
Stephen King Books

Grossangriff
der Zombies

Was ist weiss und stört beim Essen?
Eine Lawine.

Truth in Engineering.

A medical study has found that fist bumps and high fives spread fewer germs than handshakes.

Mann zum Bäcker: «Ich hätte gerne 30 Brötchen.»
Bäcker: «Nehmen sie doch 40, dann platzt die Tüte.»

Selbst wenn sie aussieht wie ein Briefkasten, wäre ich dumm, wenn ich sie nicht heiraten würde!

Wussten Sie, dass in Afrika immer noch alle drei Sekunden ein Kleinkind an Unterernährung stirbt?

Army Medical Corps
«Sarve Santu Niramaya»
Sanskrit
«Freedom from sickness to all»

Ich bin doch nicht blöd.

Thomas
Hirschhorn,
Too too
much
much

Ma back ache.
Ma bra too tight.
My booty shake from
left to right.

Bouya! – expression of happiness or triumph
Bromance – friendship between males
Buzz – shave your head
Chanky – disgusting or nasty
Clean – alright
Conversate – to talk or have a conversation
Cougar – an older woman dating a younger man
Cowboy up – get strong or tough
Digits – telephone number
Fall out – to sleep
Flex – to show off
Floss – show off your wealth
Ghost – gone or disappeared
Green – ecologically responsible
Grip – a lot of money
Hottie – an attractive female
In your lunch – being nosy
Ish – something very bad
Jump the couch – to lose control, go crazy
Mail – money
Maul – to hug and kiss
Nugget – your head
Obese – outstanding, excellent
Punk – to embarrass
Shorty – girlfriend
Spitball – estimate
Surreal – unusual
Tat – tattoo
There – liking something

Lieber eine Stumme im Bett,
als eine Taube auf dem Dach!

Zu Fuss ist es schneller als über den Berg.

Celebrity Deadly Diets

Freakstars 3000
Horst «Heimatland»

When you say Budweiser, you've said it all.

Darf man in einem Schaltjahr
auch Automatik fahren?

Realität ist eine Illusion,
die durch den Mangel an
Alkohol hervorgerufen wird.

A lot of things are actually
going pretty well.

No sunny place
for shady people.

Nur bei uns –
Pizza aus dem
originalen Steinofen.

Faulheit ist die Kunst, sich auszuruhen,
bevor man müde wird.

According to St. Louis Post-Dispatch columnist Bernie Miklasz, the recent recurrence of the fist bump was brought about by baseball player Stan Musial. Time magazine wonders if it evolved from the handshake and the high-five. They cite knuckle bumping in the 1970s with basketball player Baltimore Bullets guard Fred Carter. Others claim the Wonder Twins, minor characters in the 1970s Hanna-Barbera superhero cartoon Super Friends, who touched knuckles and cried «Wonder Twin powers, activate!» were the originators. However, the «fist bump» or «pound» can easily be traced as far back as the late 1800s and early 1900s to the boxer's handshake as a way to greet when hands are gloved. In fact, the fist bump's origins may well lie in the animal kingdom as the gesture is natural behaviour observed in primates, according to a book published by Margaret Power in 1991.

Never catch a falling knife.

Great-Grandmas
Gone Wild!

Freedom to one is Freedom to all.

Don't let worries
kill you
Let the church
help

the system isn't broken,
it was built this way.

You're kind, You're smart, You're beauty shines from your heart.

Ihr Mac ist langsam?

Bigger.
Better.
Burger King.

I'm a gangster. I'm a
straight up G, the hamster
life is the life for me.

Der Fuchs ist schlau und stellt sich dumm,
bei Nazis ist es andersrum.

Jesus Christus spricht:
Ich bin die Auferstehung
und das Leben;
wer an mich glaubt,
wird leben,
auch wenn er gestorben ist ...

Hollywoods dunkle Seite –
Die Drogenwelt

PSYCHE MATTERS

everything will be okay
in the end
if it's not okay,
it's not the end.
(unknown)

Schweizer Mutter enthüllt einen geheimen Trick um schnell abzunehmen! Kosten: Jetzt nur 49 Fr.

Welcome to the Jungle

Oh, for goodness' sakes, get down off that crucifix.
Someone needs the wood.

Die Kreditkartennummer von Homer Simpsons ist 5784 3653 4341 0709.

«Dead Meet» Is a Dating Site for People Who Work in the Death Industries (Vice United Kingdom)

John Rambo:
Fuck the world.

Das ist ja auch der absolute Angstgegner!

Mein Problem ist,
dass ich immer
sehr selbstkritisch bin,
auch mir selbst
gegenüber.

If their ingredients are better,
why isn't their pizza better?

Beim Trinken mit den Gläsern anstossen
Soll böse Geister aus der geselligen Runde vertreiben

The idea of «living for the weekend» is nothing new. The history of what we call «youth culture» is really just a history of young people being unable to reconcile their day-to-day lives with their social lives, finding solace in the tribal rites of a Saturday night and workless mornings rather than careers, kids, whatever. A search for a brief few years of drug-taking, shame-walking, clan-fighting, shit-talking «other» before we finally become our own parents, whether we fucking like it or not.

Thank you for noticing this new notice.

Wer an das diesseitige Leben sein Herz hängt, der wird das jenseitige Leben verlieren; wem aber das Leben und Treiben in dieser Welt zuwider ist, der wird sich das jenseitige Leben als das wahre Leben für die Zukunft sichern.

Im Fall des zerstörten «Hoodoo» lag ein härterer auf einem weicheren Stein und «beschützte» diesen vor den Naturkräften, so dass nur ein schmaler Grat übrigblieb, der den harten Brocken stützte. Das pittoreske Gebilde war über 160 Millionen Jahre alt – und hielt, bis ein übermotivierter Boy Scout daran rüttelte.

War isn't free.
Pay your taxes, tea baggers.

In light of the 2009 H1N1 pandemic, the Dean of Medicine at the University of Calgary, Tom Feasby, suggested that the fist bump may be a «nice replacement of the handshake» in an effort to prevent transmission of the virus.

Set your mind free until you see what I see
Set your mind free until you see what I see

Never worry about bad press:
All that matters is if they spell your name right

Schützt die Anomalie!

„Meine Ex hat das aber nicht gestört."

Die Sanitäter haben mir sofort
eine Invasion gelegt.

Hühner sind das ökonomischste Lebensmittel
überhaupt, denn man kann sie
vor ihrer Geburt und nach ihrem Tod essen.

The Problem
is not the problem.

Reginald's New Diet

Reginald was terribly overweight, so his doctor placed him on a strict diet.
I want you to eat regularly for two days, then skip a day, and repeat this procedure for two weeks. The next time I see you, you'll have lost at least five pounds, his doctor assured him.
When Reginald returned he shocked his doctor by having lost almost twenty pounds.
Why, that's amazing, the doctor said, greatly impressed, You certainly must have followed my instructions.
Reginald nodded, I'll tell you what though, I thought I was going to drop dead on the third day.
Why, from hunger? asked his doctor.
No, from all that skipping.

Birds scream at the top of their lungs in horrified
hellish rage every morning at daybreak to warn us all of
the truth, but sadly we don't speak bird

JohnRambo:
Live for nothing
or die for something.

Clowns sehen es nicht gern,
wenn sich das Publikum nur innerlich freut.

Hallo,
Die Technik wird Sie nicht wohlhabend machen, aber Sie werden gutes Geld verdienen. Hi, mein Name ist Mark und in meinem Blog erfahren Sie, wie Sie Geld verdienen können, indem Sie im Casino französisches Roulette spielen. Sie werden kein Millionär werden, aber Sie werden einen monatlichen Gehaltsscheck verdienen, was super ist. Falls Ihnen jemals jemand verspricht, dass Sie Millionen verdienen können, laufen Sie weg! Niemand kann das garantieren. Falls Sie aber meine Methode befolgen, werden Sie ein konstantes Einkommen verdienen. Probieren Sie es selbst aus.
Du musst es ausprobieren, vertrau mir!
Alles Liebe,
Mark Lopez

Arbeitslose Fussballprofis werden bei der
Bundesagentur für Arbeit als Künstler geführt.

Treffen sich zwei Schwule und der eine bringt seine Freundin mit.

A screwdriver walks into a bar. The bartender says, «Hey, we have a drink named after you!»The Screwdriver responds, «You have a drink named Murray?»

Boa do kumi gad
Hunger über

Lieber Pils-Bier
als Shakespeare!

Scientology promotes not watching the news.
It keeps you inside a Truman Show where
you're totally unaware of things. It's like your own
thinking gets shut down and you get used to
not considering anything that might be critical of
Scientology.

Wer schläft sündigt nicht. Wer vorher sündigt, schläft nachher besser. Casanova (1725-1798)

#5. The Shrewish, Nagging
Wife Must Ruin Everything

Full Latex Jacket

Wer den Kopf verliert beweist nicht,
dass er vorher einen hatte.

Für Schönspielen gibt es keine Punkte!

How can an individual
How can an individual impact the course of history
How can an individual make a difference
How can an individual affect society
How can an individual change history
How can an individual
How can an individual reduce global warming
How can an individual help to conserve water
How can an individual influence an organization
How can an individual buy stock

Die Fickinger

If the #2 pencil is the most popular, why's it still #2?

Du hast ne Figur wie ne Hundehütte,
in jeder Ecke ein Knochen.

Das Psychobuch, was für ein Buch.
Da wird das Holz des Rationalismus nass.

I gave her my heart and she gave me a pen.

Immer geht's um die Wurst ...

It's Fun for Everyone.

Ich geh mit Dir ans Ende der Welt, bis ans Ende der

Zeit. Bis es Sternschnuppen schneit.

Schmutziges Geschirr schimmelt nicht, wenn man es in der Gefriertruhe aufbewahrt.

Brain Drift

Was macht ein Clown im Büro?
Faxen

Gaylien – Director's Fuck

My eyes are full of tears
that they can no more see.
I wish you were here,
to chop these onions for me.

Most of the time—and this includes naps—I'm an F-18, bro, and I will destroy you in the air, and I will deploy my ordnance to the ground.

Discover the secrets of Nespresso capsules.
Unique & Unrivalled.

Hooper: Das hier ist kein Bootsunfall. Das war keine Schiffsschraube. Schon gar nicht ein Korallenriff. Und es war auch nicht Jack the Ripper. Es war ein Hai.

When you go to a donkey's house,
don't talk about ears.

Nutella hat Lichtschutzfaktor 9,7.

Du bist in einem Loch?
Höre auf zu graben!

I'll never forget how the
depression and loneliness
felt good and bad at the
same time. Still does.

Ahoi Beni,
Hoffe Dir geht es prächtig, obwohl
es immer noch so derart nasskalt ist.
Nun denn, zum Glück gibts Innenräume.

FDH-Diät
FDH steht für «Friss die Hälfte», womit die Diät auch schon in groben Zügen beschrieben ist. Hunger, zu wenig Vitamine, Mineralien-, Kohlenhydrat- und Ballaststoffmangel sind die Folge. Schlechte Laune, einen trägen Darm und müde Muskeln bei sportlich aktiven Menschen gibt es dazu. Eine einigermassen sinnvolle Variante dieser Diät ist eine Veränderung der Essgewohnheiten. So könnte man aus FDH ein IdR (Iss das Richtige) machen, mit der Zielsetzung: Weniger Fett, mehr Kohlenhydrate, mehr Sport.

Switch off the lights and close your eyes
Feel the energy inside
Chilli bow, chilli bow, chilli bow

FIRE!
FIRE!

Alright! Sharpen the mix
Get the pressure
You've had the time to rest
Which is coming to an end
And we start again

I don't like work.
I only like work when I'm working.

51 Franzosen
27 Burkiner
8 Libanesen
6 Algerier
5 Kanadier
4 Deutsche
3 Luxemburger
1 Schweizer
1 Belgier
1 Ägypter
1 Ukrainer
1 Nigerianer
1 Kameruner
1 Malier

BE AWARE,
TAKE CARE

Kommt ein Pferd in eine Bar. Fragt der Barkeeper:
«Warum so ein langes Gesicht?»

This illusion, called
«Brain Activity»

Die ganze Familienideologie ist ein sehr regressives Konzept. Die grossen Werke der Weltliteratur handeln nicht von Familienglück, sondern von Familienhorror.

Polizei schnappt Kinder-Gang
Die schlechtesten Sprayer der Schweiz

The Big Book of Lesbian Horse Stories.

God Hates Flags

Just going to art school
doesn't make you famous'

Head up, stay strong,
fake a smile and move on.

If you aren't drug free you
can't hang with me

I was born in 1984
I refuse to die in 1984

Der Endlos-Kopf-Dreher

Die Assistentin wird in eine Art Schrank geleitet. Ihre Beine sind unten die ganze Zeit zu sehen, der Kopf ragt oben heraus. Dieser Kopf wird nun in einen Kasten gesteckt, so dass nur das Gesicht zu sehen ist. Der Zauberer dreht den Kasten etwas links, etwas rechts – plötzlich dreht er ihn um 360^{0}! (Assistentin lächelt) Anschliessend dreht er den Kasten noch viel mehr. Der Schrank wird geöffnet, anstatt des Körpers ist eine frei stehende völlig verdrehte Säule aus Stoff zu sehen, aus der gerade noch die Hände herauskommen. Nachdem sich die Lacher gelegt haben, erfolgt der ganze Vorgang umgekehrt. Wer «Die Erscheinungskabine» gelesen hat, versteht leicht auch dieses: Wieder Spiegel in V-Form, das Knäuel muss von der Assistentin eingespannt werden. Das Ganze wird dadurch bewiesen, dass man manchmal sieht, dass einige Finger sich spiegeln, falls der Kameramann das Knäuel genauer filmt. Der Kopfdreher ist leicht zu verstehen: Die Assistentin muss den Kopf um ca. 180 Grad zurückdrehen, während die Öffnung hinten ist. Der Trick kann natürlich nicht im Zirkus ausgeführt werden.
In einer Variante ist auch hinten eine Öffnung, so dass man die Haare der Assistentin sieht. Wenn man sich vorher die Haare der Dame genau anschaut, sieht man leicht, dass es eine Perücke ist, welche auf einem Teil ist, welches den Kasten eben doch hinten schliesst.

Ich habe keine Angst vor dem Tod.
Ich habe es aber auch nicht eilig.

Fresh.
Smooth.
Real.
It's all here.

The sun beams down on a brand new day
No more welfare tax to pay
Unsightly slums gone up in flashing light
Jobless millions whisked away
At last we have more room to play
All systems go to kill the poor tonight

Gonna
Kill kill kill kill Kill the poor: Tonight

Hang Tough,
Don't Puff!

Why is there such an appetite for «bad news»?

David Copperfield erscheint mit einer Harley auf der Bühne

Einige Helfer rollen einen riesigen Kasten auf die Bühne. Die Wände des Kasten sind lichtdurchlässig (Reispapier). Der Kasten wird aufgeklappt, er ist leer. Er wird auch von innen und von hinten beleuchtet – nichts drin. Nun wird der Kasten geschlossen; eine Silhouette erscheint, der Kasten wird geöffnet, DC ist auf einer Harley zu sehen, mit lauter künstlichem Nebel.
Die Erklärung kommt von R.R.. Für ihn war verdächtig, dass vier Helfer notwendig waren, um den Kasten auf die Bühne zu bringen. Dies bestätigte, was ohnehin zu vermuten war: DC ist schon vorher in dem Kasten, aber durch fehlende Beleuchtung nicht zu erkennen. Aber wo ist DC während der Kasten zur Inspektion geöffnet wird? Er ist hinter der hinteren Wand! Warum merken die Zuschauer nicht, dass hinten die Wand geöffnet wird? Auch dazu hat R.R. einen Tip: weil die Wand nicht «aufgeklappt» wird, sondern ein Rollo verwendet wird. Nachdem DC erschienen ist, kann man auf dem Boden etwas sehen, dass wie ein Schienensystem aussieht.

Independence Gay

The «earth» without «art» is just «eh».

Fuck Yeah
Concept Art

Ich hatte heut' ein 7-Gänge Menü:
Ne' Bratwurst und 'n Sixpack Bier!

Der Kinder allergrösster Jubel,
das ist ein Buch vom Hugendubel!

Who is the Jean Michel Jarre of this decade ...?
Jean Michel Jarre is.

Jerome Boateng refuse to shake
hands with the president of Brazil.

Crazy Aussie Driver

A drunk driver tried to avoid arrest by leaping into the back of his moving car during a chase in the Australian outback.
Police in the Northern Territory town of Katherine were stunned when they realised the 24-year-old driver had abandoned the controls and jumped on to the back seat with his three passengers in an apparent attempt to fool officers. The runaway car continued for 150 metres at 25mph before police on foot ran it down and applied the brakes. Police said the driver panicked when they tried to pull him over for a random breath test.

German Angst macht unfruchtbar.

Mehr Punk, weniger Hölle!

Bust A Nut In Grandma's Butt

Rezept nach dem internationalen Handbuch für Barmixer

Ein «echter» Molotowcocktail besteht aus zwei dritteln Motoren- oder Altöl (alternativ auch Natives Olivenöl) und zu einem Drittel aus Benzin, wobei das Benzin (oder alternativ Wodka, Brennspiritus, Strohrum oder Jamaikarum) nur als Brandbeschleuniger dient. Das ganze wird in eine Flasche gefüllt, so dass diese zur Hälfte voll ist. Von oben wird durch den Flaschenhals ein Docht – z. B. eine Stoffserviette – eingebracht. Ist das Öl erstmal entzündet entwickelt es seine wärmende Wirkung, und brennt bis zu 1400°C heiss! – Also genau dass, was es braucht, um einen Panzerfahrer im eisigen russischen Winter aus seinem kalten, ungemütlichen Metallkasten zu locken!

Cockzilla, Ein Riesenschwanz in New York

Molotov-Cocktail bauen muss gekonnt sein!

Bei dieser Methode zünden Mollis immer und ihr könnt sie z.B. auch in die Jackentasche stecken, ohne zu stinken, das Besondere daran ist die Lunte, die bei Bedarf mittels Faden (der an der Lunte befestigt ist) sofort herausgezogen und angezündet werden kann. Der Molli wird mit einem Schraubverschluss dicht abgeschlossen, am besten eignet sich 0,5 l Kakaoflaschen mit Schraubverschluss bzw. 0,33 l Selterflaschen, weil 0,33 l Flaschen weiter geworfen werden können. Also: ihr braucht die Flasche, eine Lunte (ca. 35 cm lang), Angelsehne oder Nylonfaden, 1/5 Öl (am besten Heizöl, notfalls Motoröl) mit 4/5 Benzin mischen, eine Dose Pattex flüssig (sorgt dafür, dass sich das Gemisch am Aufprallort besser ‹festbeisst›) und einen Trichter. An einer Ecke der Lunte wird der Faden festgebunden, achtet darauf, dass die Lunte dick genug ist und festsitzt (z.B. Handtuchstreifen), so dass sie beim Werfen nicht herausfällt. Steckt sie zuerst ganz in die Flasche hinein und lasst den Faden rausgucken. Dann den Schraubverschluss drüberdrehen, so dass der Faden eingeklemmt ist. Die Schraubverschlüsse sind geruchsdicht. Vor dem Anzünden die Lunte ca. 20 cm herausziehen. Ist die Lunte zu kurz, geht sie beim Werfen vielleicht aus. Um ein Herausrutschen der Lunte in stressigen Situationen zu verhindern, gibt es noch eine Möglichkeit, die Lunte zu verknoten. Ihr macht in den Luntensteifen einen sehr lockeren Knoten, so locker, dass der ganze Luntenstreifen eine einzige grosse Schleife ist. Diese setzt ihr jetzt auf den Flaschenhals auf und drückt sie ein Stück hinein. Hilfreich ist es, dabei zu drehen, damit die Schleife möglichst dünn wird und durch den Flaschenhals gestopft werden kann. Dabei kann mensch auch mit einem Schraubenzieher o.ä. nachhelfen. Wenn der Knoten in der Flasche ist, schüttelt ihr sie und zieht dann am Faden, dadurch wird der Knoten durch die Verengung am Flaschenhals gezogen und zusammengepresst. Die Lunte kann nun auf den Flaschenboden fallen und giesst die üblichen Zutaten drauf. Der Faden muss dabei stets aus der Flasche heraushängen. Damit die Knotentechnik fucktioniert, nehmt ihr am besten dünnen Stoff (z.B. normales Laken), denn der lockere Knoten muss eng genug zusammengedreht werden können, damit mensch ihn dann durch den Flaschenhals stopfen kann. Giesst auf jedenfall die Flüssigkeit erst in die Flasche, wenn alles andere fertig ist, dann müsst ihr nur noch zudrehen, die Flaschen müssen natürlich ohne Fingerabdrücke sein. Daran schon beim Kauf denken! Wenn ihr's nicht vermeiden könnt, sie anzufassen, mit heissem Wasser und Spülmittel gründlich saubermachen. Fertig ist der Molli!

Reduction steht für das Ziel der Reduzierung
der für die Versuche benötigten Tiere. Refinement
meint die Verbesserung im Sinne einer
Verminderung von Schmerz und Stress für die
Tiere und Replacement meint den Ersatz von Tieren
so oft als möglich durch In-vitro-Tests oder
In-silico-Tests (wörtlich „in Silizium"), also
Computermodelle.

Which one should I do?
Wax my chest or perm my hair?
Can't wait to decide.

Heard Island &
McDonald Islands

Lobotomy, lobotomy, lobotomy, lobotomy!

DDT did a job on me
Now I am a real sickie
Guess I'll have to break the news
That I got no mind to lose
All the girls are in love with me
I'm a teenage lobotomy

Slugs and snails are after me
DDT keeps me happy
Now I guess I'll have to tell em
That I got no cerebellum
Gonna get my Ph.D.
I'm a teenage lobotomy

Liberté
Egalité
Beyoncé

Bunt und rund

Hate the disease, but not the diseased!

Wer am Capgrass-Syndrom leidet, glaubt daran, dass nahe Verwandte durch identisch aussehende Doppelgänger ersetzt wurden. Manche glauben sogar, dass unbelebte Objekte, wie Stühle oder Uhren, durch exakte Kopien ausgetauscht wurden.

I swear to god
I'm breaking all the rules tonight
and I'm going to prove how much I love you
and honestly I don't care who sees
because I would jump off a cliff
for you

Gimme a Break,
Gimme a Break

Ist Larissa noch normal?
Das Camp-Model nähert sich offenbar der mentalen Kernschmelze.

Artists Ruin Nations

Frank Gehry Claims Today's Architecture is (Mostly) «Pure Shit»

If door does not open
do not enter

Wischi wisch wischi wasch,
chum use zwack.

Keep Calm and Join The Dark Side

Vielleicht Weisswurst
250G

«Ist deine Schwester durch die Schlammpackung wirklich schöner geworden?» – «Also zuerst schon, aber jetzt bröckelt das Zeug wieder ab ...».

Just do it.

[Chorus]
All religions make me wanna throw up
All religions make me sick
All religions make me wanna throw up
All religions suck
They all claim that they have the truth
That'll set you free
Just give em all your money and they'll set you free
Free for a fee

Das Auto von Chuck Norris braucht kein Benzin,
es fährt aus Respekt.

Deutschland ist ein Land der Dichter und Denker.
Ich denke, wir werden immer dichter.

A group of people
hide from bloodthirsty zombies
in a farmhouse.

Congo River Miniature Golf

Eine kurze Geschichte der Zeit
(englischer Originaltitel A Brief History of Time)

No, is the new Yes!

Da heult man ja rotz und wasser, angesichts derartiger fakten. soll man selbst hinfliegen und jemandem geld in die hand drücken??? mit ärzte ohne grenzen kommt es aber an, oder?

Im Falle eines Falles klebt UHU wirklich alles.

The Beast is Unleashed:
2015 Dodge Challenger
SRT Hellcat On Way
To Dealerships

A comedic genius,
a real mensch,
a sad clown

Silly Hats Only

Schnaderack Zack zack so zauberät dä Flatterschnack.

Thank you for the tragedy.
I need it for my art.

Leben wir in einem Universum
aus Teilchen oder aus Strings?

Wenn Du entdeckst,
dass Du ein totes Pferd reitest,
steig ab.

Psychobuch Feat.
Beni, Hedi & Mario

Fucking piece of shit

Radiate, radiate, radiate
That feeling
Radiate, radiate, radiate
That feeling ...

Is my website shit?

Hab ich jetzt mal gar kein Mitleid. Dumme Sau, das kommt davon, wenn man sich mit Raubtieren zum kuscheln hinsetzt.

In Wirklichkeit ist die Wirklichkeit nicht wirklich wirklich, aber wirklich ist sie doch.

Apply Today. Buy Today.

Zieh dich aus und leg dich hin,
ich muss mit dir reden.

Auf Madagaskar ist erneut die Pest ausgebrochen.

Viele Leute sind
verwirrt, wenn
ein Satz anders
endet als man
Rübenmus.

Du bist so dappisch
wie ein Lutscher bappisch!

Lieber arm dran
als Arm ab

Im 1. Terminator-Film gibt es 24 Tote,
während der Terminator nur 74 Worte spricht.

Glück ist, wenn man mit Menschen, mit denen man absolut nichts zu tun haben will, auch tatsächlich nichts zu tun hat.

Avanaida – Todesbiss der Satansviper

Slave Strobe
Diffuser for
ISS2000

Die Hybris

Haikus are easy
But sometimes they don't make sense
Refrigerator

Eine Blondine bestellt eine Pizza. Der Ober fragt, ob er sie in 6 oder in 12 Stücke aufteilen soll. Darauf die Blondine: «6 bitte. Ich könnte niemals 12 verdrücken!»

Betty Andreasson-Luca

Die Untersuchungen Fowlers zur sogenannten, Betty-Andreasson-Luca-Affäre gelten als die präzisesten Dokumente die sich mit diesem Thema befassen. Fowler berichtet darüber, was ihm Betty Andreasson Luca erzählte. Sie wurde von den «kleinen Grauen» zierlichen Gestalten mit grossem Kopf und grossen Augen, in ein Raumschiff entführt. Dort musste Betty einer Frau Trost zusprechen, der gerade ein Fötus entnommen wurde. Erstaunt sah sie, was nun geschah. Dieses «kleine Ding» so Betty, wurde von den «Anderen» flugs in ein grosses Gefäss gesteckt. «Es darf keine Luft atmen» so wurde ihr von den kleinen Grauen erklärt. Fowler legt in seinem Kommentar dazu nahe, dass es sich bei diesem Gefäss um eine künstliche Gebärmutter gehandelt haben könnte.

Da diese Aliens den Fötus entnahmen, könnte die Vermutung nahe liegen, dass die Mutter gar nicht in der Lage war, den Embryo auf natürliche Weise zu gebären. Vielleicht deshalb, weil der für menschliche Massstäbe übergrosse Kopf nicht durch den Geburtskanal passt? Darum musste der Fötus Wochen vor dem Geburtstermin geholt werden. Darum brauchten die «Anderen» eine künstliche Gebärmutter.

Beauty outside. Beast inside.

The U.S. Army's new recruitment slogan is «Army Strong». Unveiled this week, the motto follows past slogans such as «An Army of One» and the long-running «Be All You Can Be». Michele Norris talks with Gina Cavallaro, staff writer at Army Times.

The Large Hadron Collider (LHC) is by far the most powerful particle accelerator built to date.

The Good Old Days Were Geil.
But Now It Is Geil Too.

Checklist
1 State approved food
2 Doctor's permission
3 Medical priest
4 RE Think Last Supper.

«Es gibt gewisse Regeln, die man beachten muss um in einem Horrorfilm zu überleben:
1. Enthalte dich jeder Form von Sex, Sex ist gleich Tod;
2. Nicht trinken und keine Drogen. Das alles fällt unter Sünde, Sünde ist die Erweiterung von Nummer 1;
3. Du darfst nie, niemals, unter keinen Umständen sagen – Ich komm gleich wieder! – denn du kommst nicht wieder!»

An amnesiac walks into a bar. The bartender asks, «What can I get you today?»
The amnesiac says, «I don't know, I have trouble remembering things.» The bartender says, «Like what?»

Ihr könnt nicht beiden zugleich dienen:
Gott und dem Geld.

My wife wants to eat her placenta.
Is it ok if she is vegan?

Chuck Norris ist so cool, dass die Schafe ihn zählen, wenn er ins Bett geht.

You'd have to be stupid to cut education

Naturgesetzpartei
Gesundheit
1.560 Milliarden
weniger Kosten!

Murdered by police.

Beauty on the outside can fade,
but inner beauty will never degrade.

Malen Sie sich selbst auch, um sich zu neutralisieren?

Dumbing us down

«Hast du ein Bad genommen?»
«Warum, fehlt eins?»

Survival of the fittest

Just because you're paranoid doesn't mean they aren't after you.

Sei immer du selbst!
Ausser du kannst Batman sein,
dann sei Batman.

Paul Gauguin once worked on the Panama Canal.

Das nächste Spiel ist immer das nächste.

liberté égalité, mon cul

Headless body in topless bar.

Poisoned by too much botox!

Geile Atmosphäre gerade.

Hardball –
A hard-surfaced road.

Zen-Astronomie

«Eher schaurig als schön:
Twerking auf neucm Level»

Blowjob Impossible

«Zwanzig Euro gebührenpflichtige Verwarnung»,
sagt der Polizeibeamte zum Metzgermeister,
«oder darfs ein wenig mehr sein?»

Legally Boned

Lord Of The G-Strings

Ocean's 11 inches

Free My Willy

Sperminator

A Cockwork Orange

Alice in Underpants

I don't have time for these clowns. I don't have time for their judgement and their stupidity. They lay down with their ugly wives in front of their ugly children and just look at their loser lives and then look at me and they say ‹I can't process it›. Well no, and you never will. Stop trying, just sit back and enjoy the show.

Drei Schwengel für Charlie

Ich bin nicht korrupt – ich bin moralisch flexibel.

I bet you didn't know how much I loved you.
I bet you didn't know just how much I care.

Ein Kilogramm Äpfel kostet 1,99 Euro. Wie viel kosten dann 3 kg Äpfel?

Zahnersatz in Ungarn

Fast.
Simple.
Smart.
Ask about financing!

David Copperfield lässt riesige Karte aus einem Zeichenblock steigen

DC hat einen grossen Zeichenblock und bittet eine schöne Zuschauerin auf die Bühne. Er lässt eine Karte durch sie auswählen (die Herz-3), die Karte wird den Zuschauern gezeigt, DC sieht die Karte nicht. Er sagt, er würde die Karte erraten und zeichnen. Nach einem erotischen Zwischenspiel tut er das auch und präsentiert eine Zeichnung mit der Pik-1. Peinlich: Es ging wohl schief. Er ist verlegen. Er malt einige Linien dazu (es entsteht ein Kartenpaket) und sagt: die Pik ist die erste Karte des Pakets, die Karte der Zuschauerin befinde sich in dem Paket. Wohlwollender Applaus der Zuschauer. DC hebt eine Hand langsam, und es steigt langsam eine riesige Herz-3 aus dem Stapel. DC reisst das Blatt ab, und gibt es der Zuschauerin. Es ist deutlich zu sehen, dass die Herz-3 wirklich auf dem Blatt gemalt ist.
Die Art, wie die Zuschauerin zur Auswahl der Karte gezwungen wird, ist unwichtig: Es gibt sooo viele Möglichkeiten dazu (es empfiehlt sich ein Blick in die nächste Bibliothek). Mit dem Video stellt man übrigens fest, dass der Kartenblock (mit Pik-1 Bild) der gemalt wird, nicht ganz der Gleiche ist wie der, welcher ausgehändigt wird. Der Trick liegt teilweise in der Mechanik des «Kartensteigers» (wie die Mechanik genau funktioniert,

weiss ich nicht, ich sehe es als nebensächlich an), hauptsächlich jedoch in der Art, wie DC das Papier abreisst. Er nimmt scheinbar das oberste Blatt, klappt es zurück und reisst es ab. Tatsächlich klappt er zwei Blätter zurück. Das oberste ist das mit dem Kartensteiger, das untere enthält das schon vorgemalte Paket mit der richtigen Karte. Beim Zurückklappen wird das untere Blatt zum oberen Blatt – es ist geschafft.
Wer das Ganze nicht glaubt, sollte sich klar machen, dass 1. kein Mensch ein Blatt so kompliziert abreisst und 2. in der Sendung «Up'n Swutsch» der gleiche Vorgang mit genau den gleichen Karten erfolgte!
Ein Dank an C. – sie durchschaute das Abreissen.

(You Drive Me) Crazy
...Baby One More Time
Big Fat Bass
I'm Not A Girl, Not Yet A woman
Tik Tik Boom

Handy Video zeigt tödliche
Schüsse auf Powell in Ferguson

Der Bundesstaat hat inzwischen seinen 500. Menschen hingerichtet und damit mehr Urteile vollstreckt als die Nummer zwei und drei dieser traurigen Liste, Virginia und Oklahoma, zusammen. Die vorerst letzte Hingerichtete in Texas, Kimberly McCarthy, eine 52 Jahre alte Frau und Mörderin, verabschiedete sich auf der Todespritsche mit den Worten: «Das ist kein Verlust. Das ist ein Gewinn. Ich gehe jetzt nach Hause zu Jesus.»

Big Voice – Term used to describe the loudspeaker on a military base. The Big Voice warns of everything from incoming attacks to scheduled ordnance disposal.

Chuck Norris kann Drehtüren zuschlagen!

Dark Tourism

Sauerei auf der Bounty

Fat Boy.

Ja, ich gebe, dass es ein sehr guter Preis für 2-Bett Zimmer und eine exzellente Lage, nur 50 m hinter dem Hauptplatz in ck, wie eine kleine Stadt. Ich war aber unfortunely!!! bited von Flohmarkt auf der Herberge am Abend
eigentlich war ich stark bited rund um die body 30 + Stiche!!! Die Fotos zeigen was ich nur ein wenig!!!
selbst wenn ich meine Augen auf!!!
Ich bin bis jetzt noch jucken!!! es ist sehr Juckreiz und painful
der Juckreiz war fast mehr, als ich ertragen konnte.Es war ein sehr schrecklich Erfahrung
es war schmutzig, das Hostel glauben Sie mir,
falls Sie gerne hier zu bleiben, so dass ich, ohne ein Wort zu sagen

Durst
ist
wasserlöslich.

Männer schnarchen um Frauen beim Schlafen vor wilden Tieren zu beschützen.

Fangs – A Marine Corps term for one's teeth.

Jiggy – gettin jiggy with it

The Wickedest Little City in America
Dodge City, KS

The Practical Pyromaniac
Build Fire Tornadoes, One-Candlepower Engines,
Great balls of Fire, and More Incendiary Devices

Eier aus Stahl.

U.S. Army official motto
"Duty, Honor, Country"

Dance is not a Crime!
Graffiti is not a Crime!

iPop

Nobody goes to the theatre
unless they have bronchitis.

Wenn ein Kuss wie ein Sandkorn wäre,
würde ich dir alle Strände dieser Welt schenken ...

Southern Ocean Lodge,
Kangaroo Island, Australia

How To Succeed In Business Without A Penis.

Mit dem rechten Fuss zuerst aufstehen
Soll Missgeschicke an diesem Tag verhindern

Jack Torrance:
Heeere's Johnny!

Why does mineral water that has «trickled throughout
mountains for centuries» go out of date next year?

Die meisten Toiletten spülen
in der Tonart E-Dur.

My breasts have a career.
I'm just tagging along.

100% Leidenschaft
100% Passion
100% Passione

Zwei Kannibalen essen einen Clown.
Meint der eine: «Schmeckt irgendwie komisch.»

Wer abnimmt,
hat mehr vom Telefon.

Was sagt ein Krokodil, das einen Clown gefressen hat?
Schmeckt irgendwie komisch.

Great Art in Ugly Rooms

Ocean House,
Watch Hill,
Rhode Island

This Sad British Generation
Doesn't Know
When the Party Stops

Mir steht das Wasser bis zum Hals, liege in der Wanne und habe deinen Termin vergessen. Sorry!

Die Wohnung bleibt beim Bohren von Dübellöchern staubfrei, wenn Sie die Wand vorher in den Garten tragen.

De verbrännt Härdöpfelstock

Der Hornbach Hammer.

What do we want?
Brains
When do we want it?
Brains

The Perfect Pizza Taste.

Boy it sure is hot.

It's finger lickin' good!

Ich bin vom ADAC und würde dich heute Abend gerne abschleppen.

Warum trinken die Russen Wodka, die Franzosen Wein und die Deutschen Bier?
Damit man die Nationen an ihren Fahnen erkennen kann.

Goofe
Gosche
Gorsche
Fudler
Groschli
Braschhtli
Backseckel

Freschetta.
The fresh taste sensation.

Reely and Truly

„Sag mal, hast du zugenommen?"

Diese schönen Sonntagsspaziergänge. Ich war im Bad, bin gerade am Kühlschrank vorbei und jetzt auf dem Weg zur Couch. Später geht's dann zum PC. Das Wetter spielt auch mit.

Beni takes a selfie with
the gallerist and the supermodel.

I'm 39 why do I only have 3 teeth?

As your dentist,
I would recommend Viceroys.

Menschenrechtsrat (HRC)

yeah, stayin' alive ...

hahahahah, hoi Bono
tutto klaro.
einfach mischen find ich gut
kannst ja du mischen und ich mischle
dann nochmals.

20 Gäste müssen in Ebola-Hotel ausharren

Q: What do you call ten tubas
at the bottom of the ocean?
A: A good start.

Call me shallow.
It's the fucking' truth.

Strangers looking for a woman's father arrive at a tropical island where a doctor desperately searches for the cause and cure of a recent epidemic of the undead.

Wohnaccessoires und Möbel

there' s a party, don't you know today there is a party
open up your heart, we gonna start it
welcome at the beach, this is for you, just for you
there' s a party, don't you know today there is a party
open up your heart, we gonna start it
welcome at the beach, this is for you, just for you

Please kick our asses

Grossangriff der Zombies

Die Welt der Delphine

Sheena is a punk rocker
Sheena is a punk rocker
Sheena is a punk rocker now
Well she's a punk punk, a punk rocker
Punk punk a punk rocker
Punk punk a punk rocker
Punk punk a punk rocker

Ja es stimmt – ich habe versucht, im Fahrstuhl meiner Plattenfirma meine Betreuerin zu vergewaltigen, nachdem wir mit unserer Band The Stooges unseren Plattenvertrag verloren hatten. Trotzdem glaube ich nicht dass Sting ein besserer Mensch ist als ich.

Wochenende! Geil!!!

Sorry to bother you, but perhaps you should take a break as our mayor?

The Flavor of Now.

Liefere nöd Lafere

Londolozi Game Reserve,
Kruger National Park Area,
South Africa

Just say no!

Call a friend –
Call a Pizza.

Ein optimal geschöpfter Teller gestaltet sich nach folgendem Modell: Er ist zur Hälfte mit Gemüse und/oder Salat gefüllt, gut zu einem Viertel mit Kohlenhydraten (Kartoffeln, Reis, Teigwaren, Getreide, Brot, Hülsenfrüchte) und zu knapp einem Viertel mit Eiweiss (Fleisch, Fisch, Eier, Milchprodukte, Fleischersatzprodukte).

Lotte: You are so full of shit Maxine!
Maxine: I know.

Mein Junge ist tot.
Ich wollte, dass Sie es nicht vergessen.

Geht ein Cowboy zum Friseur. Als er wieder rauskommt, ist sein Pony weg.

«Well Done, Peter»

Abfahrt!!!
Yeaaaah!
Louder!!!

... yess!
Abfahrt!!!
Abfahrt!

I looked the man in the eye. I found him to be very straightforward and trustworthy.

Free Dope Less Soap!

Tired of Carrying Signs

Chuck Norris kann schwarze Filzstifte nach Farbe sortieren.

Everything is fine.
Keep shopping.

Hallo Beni – Kunst kann Hinweis auf Realität und Wirklichkeit sein, sie kann Atmosphäre schaffen, zum Erleben und zu Emotionen anregen, oder sie kann perfidy verführen, z.B. zu Substanz und Landesverrat.

Passagiermaschine vom Typ Douglas DC-3
28. Dezember 1948
Kurz vor der Landung meldete der Pilot, dass er sich dem Flughafen nähere und die Lichter von Miami schon sehen könne. Alles sei in Ordnung, und er würde sich später wieder melden. Kurz darauf verschwand er mit seinem Flugzeug und sämtlichen Passagieren spurlos.

A small group of military officers and scientists dwell in an underground bunker as the world above is overrun by zombies.

Alien brain parasites, entering humans through the mouth, turn their host into a killing zombie. Some teenagers start to fight against them.

Better Ingredients.
Better Pizza.

Es sind so viele Sterne am Himmel –
holst du mir einen runter?

I awaken about noon and go out to get the mail
in my old torn bathrobe.

I'm hung over
hair down in my eyes
barefoot
gingerly walking on the small sharp rocks
in my path
still afraid of pain behind my four-day beard.

Young Money Entertainment

Viel Qualität,
wenig Wurm.

Trinkt Benni sein obligates Wasser?

Is everybody on the floor?
We put some energy into this place!
I want to ask you something...
Are you ready for the sound of Scooter?

I want to see you sweat
I said ... I want to see you sweat!

Yeaah.

Hyper, hyper!
Hyper, hyper!
Hyper, hyper!
Excuse me! Where is the bass drum?
We need the bass drum!
Come on!

Hyper, hyper!
Hyper, hyper!

It's so beautiful to see your hands in the air!
Put your hands in the air!
Come on!

This is Scooter!
We want to sing a big shout to US, and to all ravers in the world!
And to Westbam, Marusha, Steve Mason, The Mystic Man, DJ Dick, Carl Cox, The Hooligan, Cosmic ...
Kid Paul, Dag, Mike VanDike, Jens Lissat, Lenny D., Sven Vath, Mark Spoon, Marco Zaffarano ...
Hell, Paul Elstac, Mate Galic, Roland Casper, Sylvie, Miss Djax, Jens Mahlstedt, Tanith, Laurent Garnier ...
Special, Pascal F.E.O.S., Gary D., Scotty, Gizmo ... and to all DJs all over the World!

Keep the Vibes ... Hyper, hyper!
Hyper, hyper!
Hyper, hyper!

I'll have to ask you again ...
Do you like it hardcore?
Do you like it hardcore?

We need the hardcore!

Come on! Come on! Come on!
Hyper, hyper!
Sit there.
Be good.
Bye, Bye!

Great list! and what is your joke about?

Wenn du ein viereckiger Pflock bist, suche ein viereckiges Loch – und gib dich nicht zufrieden, bis du es gefunden hast.

Was würde Jesus tun?

Malaria Sucks

Schöne seich! Glaub de het de falsch Bruef.

Erhöhte Aufmerksamkeit, Pupillen weiten sich, Seh- und Hörnerven werden empfindlicher

Erhöhte Muskelanspannung, erhöhte Reaktionsgeschwindigkeit

Erhöhte Herzfrequenz, erhöhter Blutdruck
laschere und schnellere Atmung

Energiebereitstellung in Muskeln

Körperliche Reaktionen wie zum Beispiel Schwitzen, Zittern und Schwindelgefühl

Blasen-, Darm- und Magentätigkeit werden während des Zustands der Angst gehemmt.
Übelkeit und Atemnot treten in manchen Fällen ebenfalls auf.

Absonderung von Molekülen im Schweiss, die andere Menschen Angst riechen lassen und bei diesen unterbewusst Alarmbereitschaft auslösen.

«Ich bin der Jesus Christus der Politik.»

Defending Your Castle game online
Your kingdoom is under the oungslaught of an invading enemy, and you must defend your castle. You will need both speed and agility to survive. To kill enemy

units, pick them up with the mouse and fling them trough the air. Gravity take care of the rest. Controls: mouse clicking-defend | Tags: defending your castle | Category: Brutal

Meet the stars.

Lieber reich und gesund,
als arm und krank!

Take that, ha ha, yeah boy
Best for your face
Take that, ha ha, yeah boy
Best for your face
Take that, best, best for your face
Best for your face, best for your face
Take that, ha ha, yeah boy
Best for your face
Take that, ha ha, yeah boy
Best for your face
Take that, ha ha, yeah boy
Best for your face
Take that, ha ha, take that
Take that, ha ha, take that
Take that, ha ha, take that
Best, best, best, best for your face

Die Firma Carglass heisst in England Autoglass.

fat man sees small door
he knows he cannot fit through
tears flow free now

Scar tissue is stronger than regular tissue.
Realize the strength, move on.

«Sag mir deinen Namen und
ich sage dir wie du heisst.»

Bullshit Digger!!!

In Filmen und Serien haben Studenten immer frei.

Slow down.
Pleasure up.

I'm just like you.
I enjoy the forbidden fruits in life, too.

Baseballschläger Aluminium von Tysonz

Stehen 2 Schornsteinfeger auf dem Dach,
fragt der eine: «Soll ich dich runterschmeissen?»
Sagt der andere: «Nein!»

«Natürlich ist die Unterbringung absolut provisorisch, aber man muss es eben nehmen wie ein Camping-Wochenende.»

What Hurst More:
Childbirth Or Getting
Kicked In The Balls?

Kirstie Alley: Only 4 years to live!
O.J. 3 Months to live!

Ignore Me
Go Shopping

«If you can believe it,
the mind can achieve it.»

6 things we say in school:

1. I'm tired
2. I'm cold
3. I don't get it
4. I'm hungry
5. What time is it?
6. I want to go home

Nothing Sucks like an Electrolux.

Hip-Hop Manife$to
Jay-Z , 50 Cent, they ain't lyin'
Better get rich or die tryin'.
Weed, pussy, money –
That's what it's all about
Greed is good,

More toys, no doubt.
Fendi, Vuitton, Lamborghini
Hermes, Gucci and Cellini.
Prada, Rolex and Chanel
Gets mo' pussy than in hell.
If you wanna pop that cherry
Try Bentley, Rolls and Burberry.
Warhol, Bansky on your walls
Rembrandt, Van Gogh deck your halls.
1 mil, 2 mil, 6 mil, 8
Appreciatin' your art appreciate.
Chillin' with herb in your mansion,
Licensing, branding, for more expansion.

Je länger der Tee zieht,
desto kälter wird er.

"Why should I care what other people think of me? I am who I am. And who I wanna be."
Sind wir nicht alle ein bisschen Bluna?

She be strutting that stuff, that stuff, that stuff
Bangerz (bangerz),
She be strutting that stuff
I be strutting my stuff
She be strutting that stuff, that stuff, that stuff
Bangerz (bangerz)

Hell why lie.
I need a beer!

Two peanuts walk into a bar.
One was a salted.

It's hard to believe that
dumb like this exists.

I wake, reluctant;
Too cold to get out of bed
But I need to pee.

Flavio Briatore und sein Bauch in Kenia

Ausser Kontrolle – Angriff eines Geparden

There are many origin stories of the high five, but the two most documented candidates are Dusty Baker and Glenn Burke of the Los Angeles Dodgers professional baseball team on October 2, 1977, and Wiley Brown and Derek Smith of the Louisville Cardinals men's college basketball team during the 1978–1979 season.

Ein starker Rücken kennt keinen Schmerz.

Puppenspieler Jörg Teichgraeber mit der Bernd-das-Brot-Puppe während einer Autogrammstunde

Why do you care what other people think?

This is a perfect cube of pyrite,
in its natural rocky matrix.

Der Gefoulte sollte nie selbst schiessen.

Do a good deed and kill the weed

Nüchtern bin ich schüchtern,
voll bin ich toll.

Because when I shop, the world gets better.

Mein Bac, Dein Back –
Bac ist für uns alle da!

Was schnell heiss wird,
kühlt rasch ab

Chuck Norris kann in der Ecke eines kreisrunden Raums sitzen.

He Dank eu viel mol!! Es isch da hammer g'sie!! Ich bie überwältigt vo so viel Lüt wo ko sind!! Unglaublich Danka viel mol für eueri Glückwünsch!! Die sind inerfüllig ganga!! Danka viel mol (smiley)

Get the Door.
It's Domino's!

Batman punches the Joker's hand. The Joker pauses for a moment waiting for it to hurt.

Alte Matrosen-Weisheit:
Lieber Rum trinken,
als rumsitzen!

Hairy Popper und der
Gefangene von Arschpackan

Abduction or just contact with a
strange figure during the night

I fell asleep in my recliner at approximately 9:00 PM. My dogs slept on both sides of my chair on the floor. My boyfriend was on the couch next to my recliner and he was asleep also.
At approximately 3:00 AM, I awoke to a horrific, jabbing pain in my mid-lower back right on my spinal column.Upon awakening, I can vividly remember sitting up and grabbing my back at the same time. As I turned to sit all the way up I saw a «large human like figure» turn away from me and proceed to walk toward my front door with some sort of very large, clear syringe he placed on his right hip like a gun would be placed for carrying purposes.I remember trying to scream out, and pointed at the same time but «nothing» would come out of my

mouth no matter how hard I attempted to shout. I could not produce even a whisper. It was as if he possessed some sort of power over my actions until he was out of my sight. He never once turned around where I could see his face, but he was all «black» and «soldier like» in his walk, like on a mission he needed to complete. He was very muscular and strong in appearance. I remember immediately grabbing my arms and saying to myself, «Oh my God, I am not dreaming, this really did happen and this alien creature just inserted something into my back; or took something out.» I had no further pain from that episode and could not bring myself to even tell my boyfriend about it for approximately 6 months thinking my family would think I was insane.

One of the weirdest things about the situation was that both my dogs never even budged, nor did my boyfriend wake up during the incident. I was in total disbelief, yet not scared for some odd reason, maybe because he never showed his face, I don't know. However, to this day, I don't know if he possibly abducted me during the night and had just finished bringing me back to consciousness by inserting some sort of medication to awaken me or not. I «do know» for a fact that he had just finished using that large syringe on me because I watched his motions intently and he was walking away and at the same time placing that syringe to his hip «holster». The last thing I saw was him walking towards the front door, but right before he got to it he veered to the air-conditioning vent as if he had come from it, possibly from underground. I wonder.

I then faded out for approximately 30 minutes and awoke with a very clear, vivid remembrance of this event. I never believed or even thought something like this

could be true, but I now KNOW they are out there and in OUR homes at their own leisure!
They are «quiet», «meticulous», «strong», «unafraid», and I think «curious» in nature. They seem to be in a «time zone» that only they are familiar with, and seem to have that mastered so well as to quietly appear as they «need or want to» then disappear without a trace. Things are still happening here in Gulf Breeze and now in my new residence as «glowing type» foot prints are appearing continually everywhere on my carpet during the night!
I am not a storyteller and would LOVE to take a polygraph so badly. People believe me; I do not know if there has been some sort of government cover-up about this UFO issue, but why would we have full-grown aliens walking around right now in our homes of all places. They had to grow to get that big, so there has to be many, many more of them, right?
OMG! I do not know why «I» am being targeted as an «experiment» to «him» or «them,» but it is not ending for me, I really am not scared because I have never lost faith in my God above, he has his hand on me, but I really, really need some help on this other issue. I am not a gossip or yapper, and would not be writing this if it were not true, but heed my words now: we ARE being watched and experimented on. I just don't know why or what they want.
Be safe and please believe this is no joke folks, I now know they DO exist.

Thanks to UFO Casebook and MUFON CMS.

U.S. Military Academy at West Point
"Strike for Freedom"

Herzlichen Glückwunsch an
Malaria zum Nobelpreis.

856 Seiten dick,
sechs Kilogramm schwer.

Being cremated is my last
hope for a smoking hot body.

Wenn man seinen Kopf gegen eine Wand schlägt,
verbraucht man 150 Kalorien pro Stunde.

Das ist geordnetes Chaos, da findet man
alles viel besser als bei chaotischer Ordnung...

I let you become my happiness,
and that's where I went wrong.

Make Signs not War.

Eat Away Your Feelings

I would have quit
after that head slam.

Tiger Woods plays
with own balls, Nike says.

Girl, my heart is in your hands,
I need you to understand.
Please, swallow your pride, I want you to be my guide.
Girl, I love you, I want you, oh, how I care,
when you need me, I'll be there.
I need you, yes, I do, girl.
Girl, my love is all for you, no one else will ever do.
Please, open your heart and let in a brandnew start.
Girl, I love ....
Girl, I need you.
Girl, in me you got to believe, I'll be
loving you and this you will see
I need you, yes, I do, girl, I need you, yes, I do.

Girl, I need you, I need you, yes, I do, girl, I need you.
[Spoken:] Baby, you gotta know how much
I want you, I need you oh so much,
I love you, girl.

A hamburger and a french fry walk into a bar.
The bartender says, «I'm sorry we don't serve food here.»

Es tut mir ... ach was, ich würd's wieder tun!

Bade der,
bade die,
bade das.

«Ich bin freundlich, ich habe Geld, ich weiss,
wic man Frauen behandelt.»

What we wore:
jungle

«Oh doch Sid. Es ist alles ein Film, alles ein einziger, gewaltiger Film. Nur das Genre können wir uns nicht auswählen.» thx Rhyoken

Aber Sir, das ist Homer Simpson.
Er arbeitet seit zehn Jahren in dieser Firma!

Nothin to lose but our chains.

Und ich habe mich nunmal nicht an die Spitze der Nahrungskette hochgearbeitet, um Vegetarier zu werden. Sorry.

The Missioinary Position –
Mother Teresa in Theory and Practice

Im US-Gefangenenlager Guantánamo Bay wurden offenbar nicht nur Heavy-Metal-Songs genutzt, um Verdächtige zu quälen. Auch die Musik der Kindersendung «Sesamstrasse» wurde zur Folter missbraucht.

Dap is a form of handshake and friendly gesture that has recently become popular in western cultures. The term dap may have originated as an acronym for dignity and pride, or may have been backronymed. According to one tale, it was introduced to and popularly used by African-American soldiers by Marine Captain John Dapolito during the Vietnam War. It appears to have been introduced to Western culture through film. For example, the 1936 movie Tarzan Escapes depicts the gesture.

Ohne Arbeitslose wäre RTL tot!

Weg mit dem Bauch
und bis zu 12kg abnehmen!
Testen Sie Figur Aktiv und
erhalten Sie eine Monats-
packung und eine Pulsuhr.

Open your eyes before AIDS closes them

Build Affordable Housing

Sagittarius A*

Warum muss man für den Besuch beim Hellseher einen Termin haben?

Hallo,

Ich verstehe vollkommen, dass es Skeptiker gibt, doch nachdem Sie das gelesen haben, wird Ihre Skepsis verfolgen sein. Es gibt eine Methode, eine einfache Methode, um das Casino beim französischen Roulette zu besiegen und jeden Monat ein Gehalt zu verdienen. Das Schöne daran ist, dass Sie mir gar nicht glauben müssen. Testen Sie die Methode ohne echtes Geld einzusetzen, und verdienen sie erst dann echtes Geld, nachdem Sie gesehen haben, dass ich Recht habe.
Du musst es ausprobieren, vertrau mir! Mehr Infos ...
Alles Liebe, Mark Patterson

Celebrity Body Disasters!

Wie kaputt ist Denzel nach der 30-Tage-Sauftour?

Ich bin kein Klugscheisser,
ich weiss es wirklich besser.

Top you day with Marlboro!

Is african a religion?

Teamwork Makes
The Dream Work

Du Wichser kauf Pizza sonst
kommt Ivan der Schlitzer

Den Sack zumachen

Think outside the bun.

Tschernobyl 6 Kg Kartoffeln und Risenratten
Doku

250'000 Fr.!
So viel war noch nie im Spiel

I was feeling sick I was loosing my mind
I heard about these treatments
From a good friend of mine he was
always happy smile on his face
He said he had a great time at the place
Peace and love is here to stay and now
I can wake up and face the day
Happy happy happy all the time shock
treatment, I'm doing fine
Gimme gimme shock treatment Gimme
gimme shock treatment
Gimme gimme shock treatment I wanna,
wanna shock treatment

Honey, I Shrunk the Kids

John Travolta
Kinky Hotel Threesome!

The Terminator: I'm a friend of Sarah Connor.
I was told she was here. Could I see her please?
Desk Sergeant: No, you can't see her. She's
making a statement.
The Terminator: Where is she?
Desk Sergeant: It may take a while. Want to wait?
There's a bench over there.
The Terminator: [looks around, examining the structu-

ral integrity of the room, then looks back at him]
I'll be back.

Take a depression test.

Chuck Norris vergisst nie.
Er kann sich sogar an morgen erinnern …

hallo liebe gemeinde,
scheinbar ist das umgedrehte Kreuz kein satanisches Symbol sondern das sogenannte Petrus Kreuz.
Also jetzt ist sozusagen schluss mit diesen Spekulationen …

Es gibt schon selten dämliche Witze, aber irgendwie muss man doch immer wieder schmunzeln.

Meat Wagon – Slang for an ambulance, or any other medical emergency vehicle.
Recommended by user 5712540.

Besser Video als gar kein Deo.

Ist eine Gesichtscreme, die 20 Jahre jünger macht, lebensgefährlich, wenn man erst 19 Jahre alt ist?

Lighthouse
Ministries
Stop, drop
and roll
will not work
in hell.

Intellectual affection

How can I lose weight
without moving?

Eines der wichtigsten Dinge, die ein Pfadfinder lernen muss, ob er Krieger, Jäger oder Friedenspfadfinder ist, ist, dass seiner Aufmerksamkeit nichts entgehen darf.

Alles ist möglich dem,
der an GOTT glaubt!

USS Makassar Strait

Was ist weiss und steht in der Ecke? –
Ein schüchternes Glas Milch.

Soccer is easy if you work hard at it.

Let me be clear. Our first line of defense is a simple message: Every group or nation must know, if they sponsor such attacks, our response will be devastating.

I cannot believe I still have to protest this shit!!
#ferguson #dontshoot #mikebrown

Metal Thrashing Mad
Racing down the road
In a street machine of steel
Gears are jammed in full
I'm the madman at the wheel
Got my foot pinned to the floor
You can feel the engine roar
I got thunder in my hands
I'm metal thrashing mad
Driving like a maniac
Can't go any faster
Burning up the road
Headed for disaster

Gone Elvis –
A service member
who is missing
in action.

Hallo ,
Wenn mir jemand erzählt hätte, dass er das Roulette schlagen kann, hätte ich dieser Person nicht vertraut. Doch wenn mir die Methode korrekt erscheinen würde und ich sie kostenlos testen könnte, würde ich sie sofort testen.
Sie hat mein Leben verändert.
Sie wird auch Ihres verändern.
Du musst es ausprobieren, vertrau mir!
Alles Liebe,
Mark Hernandez

DAMMIT I'M MAD'
is
DAMMIT I'M MAD'
spelled backwards.

Leg dich hin, ich glaube, ich liebe dich.

Am Morgen ein Bier und der Tag gehört dir.

Keep Calm and be a Princess

I Want a Sandwich

Spendenkonto
SOS-Kinderdörfer weltweit
IBAN: DE22 4306 0967 2222 2000 00
GLS Gemeinschaftsbank
Verwendungszweck «online»

Deshalb hab' ich ihn nie richtig gedisst,
denn tief in meinem Inneren
hab' ich ihn vermisst.

You borrow my brain for 5 seconds, and just be like «Dude, can't handle it, unplug this bastard», because it fires in a way that is, I don't know, maybe not from this particular terrestrial realm.

Normcore?
Normalo-Look?
Fashionvictims...
Die slowly.

Die Kunst ist der
natürliche Feind der Normalität.

It is no snake, it is a car.
Black Mamba

Flower Power Party & Long Hair Baby.

Ganz grosses Tennis

Nur weil du in den Zug gekotzt hast,
bist du noch nicht bahnbrechend.

Weisses Wasser

Dieses Phänomen soll häufig im Gebiet der Bahamabänke beobachtet werden. Der Pilot Jim Richardson landete einmal mit seinem Wasserflugzeug inmitten dieses weissen Wassers, um Proben zu entnehmen. Bei der Analyse wurden besondere chemische Eigenheiten festgestellt, die darauf hindeuten, dass durch Spalten am Meeresboden einige Stoffe austreten und vulkanische Tätigkeit besteht. Gefunden wurden unter anderem ungewöhnlich hohe Konzentrationen von Schwefel, aber auch Spuren von Strontium und Lithium waren darin enthalten.

Humor ist die einzige Waffe gegen Dummheit.

Wenn Chuck Norris dividiert,
dann bleibt kein Rest.

Can blind people see their dreams?

War is peace
Freedom is slavery
Ignorance is strength

Geiz ist geil.

Sag es mit deinem Projekt. Ihr Maler in Zürich

Wenn's nicht nur ums Malen,
sondern auch um Qualtiät geht.

Die Bank an Ihrer Seite

Though it can refer to many kinds of greetings involving hand contact, dap is best known as a complicated routine of shakes, slaps, snaps, and other contact that must be known completely by both parties involved. Dap greeting sometimes include a pound hug. Elaborate examples of dap are observed as a pregame ritual performed by many teams in the National Basketball Association. These choreographed actions are rarely televised and serve as a superstitious means of psychological preparation and team solidarity.

Chilaxin' out with Mary Kate and Ashley Olsen
They want to check this new joint, Club Convulsion
We put our ass in motion
All my stupid friends rolled up and the D.J. looked like
Superman, if he were homeless
And standing by the bar, douchebag was hitting
on a tranny
Oh wait that's Hillary Clinton there with Dick Cheney,
who was killin' a kitten
I saw Shaq, Jack Black and J-Lo

Hör mal wer da nagelt

Information
Awareness
Office

Ist dies das krasseste Selfie-Video?

Defend Public Education

Chuck Norris geht zur
Sonntagsmesse am Dienstag.

God save the queen
The fascist regime
They made you a moron
Potential H-bomb

God save the queen
She ain't no human being
There is no future
In England's dreaming

Don't be told what you want
Don't be told what you need
There's no future, no future
No future for you

God save the queen
We mean it man
We love our queen

God saves
God save the queen
Cuz tourists are money
Our figure head
Is not what she seems
Oh god save history

God save your mad parade
Oh lord god have mercy
All crimes are paid

When there's no future
How can there be sin
We're the flowers in the dustbin

We're the poison in your human machine
We're the future, your future
God save the queen
We mean it man
We love our queen
God saves

God save the queen
We mean it man
And there is no future
In England's dreaming

No future, no future
No future for you
No future, no future
No future, no future for me

No future, no future
No future for you
No future, no future for you

I liked the Pizza so much,
I bought the company!

We Come Fast, No Apologies.

Where a Kid Can Be a Kid.

Ferris Bueller's Day Off

For the longest time, I thought Jeffrey Dean Morgan and Javier Bardem were the same person. I'm still not convinced that they aren't ...

Miley Cyrus is releasing a new fragrance called «Twerk», its just Billy Ray's tears in a bottle

Q: What is the difference
between a banjo and an Uzi
submachine gun?
A: An Uzi only repeats 40 times.

Begierde:
Pfaffenwort für fleischliche Gelüste.
Gustave Flaubert (1821-1880)

299792458 m/s

Bush Or Kerry game online
Great boxing game for those who need to release their anger.Choose one of the candidates-Bush or Kerry, the difficulty and then punch your opponent as many times as possible.Check your energy bar!
Controls: a,s,d,w-punch | Tags: bush kerry | Category: Brutal

Charlie Sheen
no kids on Xmas!
can I unwrap the gifts
this
kangaroo sukk,
pig circus court gave me
now?
thanks B&D
enjoy my hate!

A dyslexic man walked into a Bra.

Work Hard Play Hard

Brilliant lady!! Brilliant man!!

Wänns be mer I'm boodasea verbie schwimmt mach i roschtskulptuura und schenk der oani ... grüsse silvia

Zwei Feministinnen am frühstücken. Sagt die eine: «Michaela, gibst du mir mal bitte die Salzstreuerin.»

No Time To Chill

«New York ist wie Brugg!»

Stealth aircraft are designed to avoid detection using a variety of advanced technologies that reduce reflection/emission of radar, infrared, visible light, radio-frequency, spectrum, and audio, collectively known as stealth technology. Development of stealth technology likely began in Germany during World War II, the planned Horton Ho 229 being described as the first stealth aircraft. Well-known modern examples of stealth of U.S aircraft include the United States' F-117 Nighthawk (1981–2008), the B-2 Spirit, the F-22 Rapton, and the F-35 Lightning II.

Aight
Be easy
Beef
Bling
Buggin
Churrin
Crew
Crib
Crunk
Dis
Finna
Folks
Fresh
Grill
Hood
Ice
Jet
Jocking my style
Kicks
Mad
Math
Off the inges
Paper
Peep
Po-po
Rollout
Shoot the five
Slammin
Tight
Vibe
Wack
Yayo
Yo

Hat Hitler versucht eine Geheimwaffe zu konstruieren, die sich wie eine fliegende Untertasse bewegt?

Die Aufgabe der Hefe
Einen Teig nur aus Wasser und Mehl in Brotform im Ofen gebacken, ergäbe einen schwer verdaulichen Klumpen. Erst die Hefe sorgt dafür, dass der Teig durch die bei der Gärung entstehenden Gase gelockert wird. Dabei nimmt die Hefe Eiweiss, Vitamine, Mineralsalze und vor allem Zucker als Nahrung auf. Dieser Stoffwechselvorgang führt zur Bildung von Alkohol und Kohlensäure. Das Gas treibt den Teig auf, der diesem durch seinen Kleberanteil einen elastischen Widerstand bietet. Der Kleberanteil und dessen Qualität ist deshalb wichtig für das Aufgehen des Teiges. Hefeteige mit Butter sind in der Regel schwerer, wodurch solche Teige in der Regel etwas mehr Hefe benötigen. Der Alkohol verschwindet beim Backen übrigens vollständig.

Imperator – das grösste Schiff der Welt,
getauft mit Henkell Trocken.

Hands up don't shoot.
#JusticeForMike Brown

Bin zu spät. Die Strasse war heut länger!

Serving great pizza from our family to yours.

Why are Softballs hard?

What do you get if you cross an
elephant and a kangaroo?
Big holes all over Australia!

The only bush
I trust is my own!

I feel fine.
How about you?

Als ich von den schlimmen
Folgen des Trinkens las,
gab ich sofort das Lesen auf.

I think it's really fucked up
how so many teenagers
are alone and sad
and having panic attacks in their room
while their parents
watch TV,
and how a lot of those teenagers
have had relatively normal childhoods
yet there's this huge boom of
depression and ED's
and mental disorders
and it's dumb
how we've turned into a generation
labeled as
«reckless»
but reall we're only reckless
with ourselves.

When the English tongue we speak.
Why is break not rhymed with freak?
Will you tell me why it's true
We say sew but likewise few?
And the maker of the verse,
Cannot rhyme his horse with worse?
Beard is not the same as heard
Cord is different from word.
Cow is cow but low is low
Shoe is never rhymed with foe.
Think of hose, dose, and lose
And think of goose and yet with choose
Think of comb, tomb and bomb,

Doll and roll or home and some.
Since pay is rhymed with say
Why not paid with said I pray?
Think of blood, food and good.
Mould is not pronounced like could.
Wherefore done, but gone and lone -
Is there any reason known?
To sum up all, it seems to me
Sound and letters don't agree.

Just another shit day in suck city.

Eine so hoch entwickelte Bürste, dass sie 6 Putz-Modi aufbieten kann. Das kommt dabei heraus, wenn deutsche Ingenieure sich vornehmen, Zahnbelag ein Ende zu machen.

Bugs flying around with wings are flying bugs

Ich bin ein rechtes Rabenaas,
Ein wahrer Sündenkrüppel,
Der seine Sünden in sich frass,
Als wie der Rost den Zwippel.
Ach Herr, so nimm mich Hund beim Ohr,
Wirf mir den Gnadenknochen vor

Und nimm mich Sündenlümmel
In deinen Gnadenhimmel.

In dubio pro reo

Bin no e luesitge Künstler aber Autodidakt und chum nie in e Usstellig, es isch nit zum glaube, derbi bin i überzügt i mach gueti Sache. Wo i di züüg gseh ha han i mi chli gfühlt als wäre mer «Art-Verwandt»:) ... per Zufall ha di bime Koleg als Friend gseh und PS: I ha no nie nur chli bime andere Künstler abgluegt, i has eifach nit nötig, was söll i sage ;)! Villicht hesch jo mol e ruhigi Minute und luegsch mi homepage a ... gruess

Hallo Liebe,

Mein Name ist Rebeca Peterson, ein Mädchen. Ich bin eine nette liebevolle und gut aussehende junge girl.I kam in Ihrem Profil-Seite und ich habe Interesse an dir. Können wir Freunde sein? Kontaktieren Sie mich zurück mit diesem direkten meine private E-Mail-Adresse rebeccapeterson08@yahoo.com, so dass ich Ihnen meine Fotos wie auch ich mich vorstellen richtig für Sie, zumindest für uns mehr miteinander better.I wissen erwarten Sie schnelle Reaktion, die bis dahin Sie kümmern sich um sich selbst und haben einen schönen Tag
Mit freundlichen Grüssen Rebeca Peterson.

Das sind keine Augenringe,
das sind Schatten grosser Taten!

Ich würde unheimlich gerne mit euch gemeinsam eine Sammlung von eigenen Haiku erstellen. Macht ihr mit?
liebe Grüsse von Hexe

Malala Yousafzai, I Am Malala: The Girl Who Stood Up for Education and Was Shot by the Taliban

Recovery with Tamara!

Anyone who sees and paints a sky green and fields blue ought to be sterilized.

No love affair like Chicago and summer.

Die Frage cui bono?

Eine Gurke ist locker.

Wer schwankt hat mehr vom Weg!

Ein neuer Tag, ein neuer Dollar.

"Ein neuer Tag, ein neuer Cent"

On June 3, 2008, Barack Obama and his wife Michelle Obama fist bumped during a televised presidential campaign speech in St. Paul, Minnesota, and the gesture became known as «the fist bump heard ‹round the world›. Fox News host E. D. Hill paraphrased an anonymous internet comment in asking whether the gesture was a «terrorist fist jab», after which her contract was not renewed.

Der Trainer steht nicht zur Diskussion.

Man eats dogs

Fear of a Black Planet

Beton – es kommt drauf an,
was man draus macht.
Rule #12: Always End the Phone Conversation First

Sol LeWitt Loves Pancakes

Gott sei Dank gibt es mich!

Wie viele Männer braucht man, um ein Bier zu öffnen? Keinen! Es sollte schon offen sein, wenn sie es zum Sofa bringt.

Wissen ohne Charakter ist reine Pastetenkruste.

Yoli. Meine liebe Prinzessin.
Du bist meine ganze Liebe,
meine Seele. Und ich liebe
dich so sehr.

Hugs not drugs

Eine neue Glühbirne leuchtet bedeutend heller, wenn man sie vor dem Einschrauben aus der Verpackung nimmt.

Dan Cermak: Hej das Bild ist von mir

wüst aber sng.

Sehr geehrter Herr,

Ihre Verträge PROJEKTE

Achtung: Der Geschäftsführer / Projektleiter, Mein Name ist Senator Hoffnung Uzodinma der Senat Vorsitzender Local & Auftragsvergabe / Projektausschuss. Wir kamen in Kontakt mit Ihrem Profil durch Botschaft während der Suche nach einem lebensfähigen Construction Company, die unser Konstrukt Projekte verarbeiten kann. Angesichts dieser Entwicklung, nach dem Treffen mit dem Präsidenten (Dr. Good luck Jonathan) und dem Minister für Finanzen (Dr. Ngozi Okonjo Iweala) und auch dem Betriebsrat Minister einigten sie sich, dass ich Ihr Unternehmen zum gegenseitigen Ver-

tragsverhältnis kontaktieren. Allerdings wollen wir sicher sein, dass Ihr Unternehmen wird uns Servicequalität und akzeptieren auch einige Facharbeiter und ungelernte Arbeiter in unserer Stadt einzusetzen, wenn das Projekt zu Ihnen vergeben wird sein. Herzlichen Glückwunsch im Voraus.
Grüsse Senator Hoffnung Uzodinma Auftragsvergabe Ausschuss Vorsitzender

Was ist der Unterschied
zwischen einem Raben? –
Er hat 2 gleich lange Beine
besonders das Rechte.

Yeaaaaaah!!
Rave nation! Stay tuned!

True African Adventure

I'm so angry
I could vote

Scooter! Back in the house! Yeah!
Get off your shirts and wait for further instructions!
Starting the «microphone business» I've got one message for the next decade:
Move your ass!
All right posse ... Keep it up!
Hardcore!
Come on!
Keep it up!
Move your ass!
Move your ass!
Move your ass!
Move your ass!
Ravers unite!
Maximum respect to the whole European posse!
Make some noise!
Ravers of the universe ... you keep the spirit alive!
Come on! Come on! ... Hardcore!!!
Sing it: Yeah-ay! Yeah-ay! Yeah-ay! Yeah-ay! Yeah-ay! Yeah-ay! Yeah-ay! Yeah-ay!
Alright, come on posse, you've gotta keep it up!
Come on, party, you've gotta move!
Come on posse, you've gotta keep it up!
Come on, party ... Move your ass!
Move your ass!
Move your ass!
Move your ass!
It's nice to be important, but it's more important to be nice
Posse! You keep the spirit alive!
Come on!
Kickin' it, kickin' it, kickin' it Yeah!
Move you ass!

Next step: Vogue Widnau mit grossem Feature zur Kunsthalle Rheintal.

Trenne Schlafwörter durch Kommas

Summit of
the Art Clans.

Bang-bang –
An Army term
describing a
pistol or rifle.

Could I have 5mins of your time to discuss a life changingmatter with you?

Zombies unter Kannibalen

Was man mit Gewalt gewinnt, kann man nur mit Gewalt behalten.

Nur wenige Männer sind stark genug,
um ein Familientreffen zu überleben.

[Other Man]
Man, stop actin' like that nigga, just show me what you got
[Fifty]
aight, nigga look, I got Two 380's,
one black, one chrome, and 4 glocks
they all hold 21 shots
look, I done been through all my shit nigga,
so tell me what you want
[Other Man]
(Click clack)
It's hard to choose man, I think I'll take em all

Memories Matter

Investieren auch Sie mit uns in die Medikamente von morgen.

Bangerz (bangerz), bangerz (bangerz)
Bangerz (bangerz), bangerz (bangerz)

I said stop it, girl. Look what you're doing to me
It's just not right. Can't you see?
This ain't the way it's supposed to be,
I should be lovin' you and you lovin' me
Stop girl, before he breaks your heart
I'm the one who loves you, right from the start
Stop girl, don't let him bring you down
I'm the one who loves you and I'll be around

Jetzt geh ich in den Birkenwald,
denn meine Pillen wirken bald.

Ihr nennt es Verschmutzung,
wir nennen es Leben

Steel shattered in the night
Soldiers racing to the fight
Bombs waiting to explode
Fear is cast up on your soul
It's just around the corner
For those who dare to see
With eyes of fire
The burn right through me
Blood painted on the streets
Metal cutting into meat
You can see it in my eyes
Pain that never will subside

And you can feel the power

On evil it will feed

The force that surrounds me

It brings me to my knees

We better run for cover

There's no time to waste

Cause if you turn your back now

It'll blow you away, yeah!

We are one of the best digital images retouching/
editing studio located in China.
We provide all kinds of image editing solutions
to different companies all over the world.
We provide best quality service in best price.
Our image editing services are: -
Cut out/masking, clipping path,
deep etching, transparent background
Dust cleaning, spot cleaning
Colour correction, black and white, light
and shadows etc.
Beauty retouching, skin retouching,
face retouching, body retouching
Fashion/Beauty Image Retouching
Product image Retouching

Jewellery image Retouching
Real estate image Retouching
Portrait image Retouching
Restoration and repair old images
Wedding & Event Album Design.
Vector Conversion
You can try us by sending a sample
image for free test to judge our quality work.
We are waiting for your reply.

Thanks & Regards,
Rick

Bai Ling macht jetzt Pling-Pling

Dä Hopsi muäs in Baumschtamm iä erlöst wirsch dafür ewig niä!

This is how they suck you in, they offer these innocuous-seeming self-improvement courses for 40 bucks, then they start to interest you in Dianetic auditing... It's a kind of crack psychotherapy.

Every night is family night.

Best and Worst
Beach Bodies

Entdecken Sie eine neue Dimension der täglichen
Mundpflege mit der Oral-B App, Ihrem persönlichen
Zahnpflege-Assistent, Trainer und Motivator.

Ja, er ist so ein spannender Typ!
No, der ist so aufregend wie eine Schlaftablette.

Wie man sich fettet so riecht man.

Rechte oder linke Gehirnhälfte?
Mache jetzt den Test!

Ich bin so sauer, ich habe ein Schild gebastelt.

Es tut mir unendlich leid. Ich wünschte, ich könnte
mehr als ein Mal sterben um euch zu sagen,
wie leid es mir tut.

I came in like a wrecking ball
Yeah, I just closed my eyes and swung
Left me crashing in a blazing fall
All you ever did was wreck me
Yeah, you, you wreck me
Yeah, you, you wreck me

USS Corla Sea

1. Ribelmais in eine Schüssel geben. Milchwasser aufkochen, würzen. Über den Ribelmais giessen. Mindestens 3 Stunden zugedeckt quellen lassen.

2. Die Ribelmasse in der heissen Bratbutter oder Bratcrème bei mittlerer Hitze langsam rösten. Immer wieder zudecken, damit der Mais feucht bleibt.

3. Butter portionenweise beigeben. 15-20 Minuten weiter «ribeln», bis sich goldbraune Krümelchen bilden. Dazu passt Apfel-, Holunder- oder Zwetschgenmus, Fruchtkompott, Schlagrahm, Käse oder Hackfleischsauce und Milchkaffee.

Traditionell wird Ribel auch mit wenig Zucker bestreut und esslöffelweise in Milchkaffee getunkt genossen. Ribelmais war einst Hauptnahrungsmittel der Rheintaler. Fast vergessen, wurde der spezielle Mais vom Verein «Rheintaler Ribelmais» weiterentwickelt und steht jetzt wieder im Angebot.

Du bist scharf wie eine Bombe,
lass mich Dich entschärfen.

He really lives
what he sings!

Love means never
having to say you're ugly.

Kommt ein Blinder ins Fischgeschäft und sagt:
«Hi Mädels»

A little boy was taken to an exhibition of abstract art by his mother. She pointed to a painting and said, «That's supposed to be a man on a horse.»
The little boy replied, «Well why the fuck isn't it?»

With history, for example ... How do you know that all of these events actually occurred, if you weren't there to witness it.

I’m a uniter, not a divider.

Exzesse bis zum Exitus: Als John Belushi 1982 im Hotel «Chateau Marmont» starb, war Amerika schockiert. Denn bald kam heraus, dass der Komiker sich selbst nur auf Koks und Heroin lustig fand.

This is some funny stuff
(if you like ridiculous humor like me)

Wüsste ich es nicht, würde ich schwören, dass es vom Kreativteam St.Gallen ist.

NROL-39. Nothing
Is Beyond Our Reach.

Now I just walk away,
pressure I’m feeling.

DEAR RECEIVER,
You have just received a Taliban virus. Since we are not so technologicaly advanced in Afghanistan, this is a MANUAL virus. Please delete all the files on your hard disk yourself and send this mail to everyone you know. Thank you very much for helping us.

Taliban hacker.

Nettes Outfit,
kann ich dich da rausreden?

Ich habe heute Morgen ein
paar Blumen nicht gepflückt,
um dir ihr Leben mitzubringen

I can do whatever I want –
I'm rich, I'm famous, and I'm bigger than you.

Let me just say,
I've seen a pub or two.

Monotonix – Try Try Try Lyrics

My brain is hanging upside down
I need something to slow me down
Ooh yeah, my brain is hanging upside down
And I need something to slow me down

I'm walking in the street
And the moon shines bright
A little melody keeps feeling
on my mind tonightI gotcha!
It's the song about Chihuahua
Yeah, that's cool alright.

SEHEN.
KOPIEREN.
HANDELN.

Hast du Neider,
hast du Brot!

Ich finde euch Schweizer lässig.

PLEASE
DO NOT TOUCH
OR HOLD
THIS SIGN
THANK YOU

Sit Ups sind für einen schönen Six Pack unumgänglich. Diese und ähnliche Übungen kombiniert mit guter Ernährung sind sehr wichtig.

Der Stolz,
Journalist zu sein.

Anhang / Appendix

Nadia Veronese
Beni Bischof. Texte 1
Keep Calm and Call Batman

Beni Bischof (*1976 Widnau) arbeitet unbändig und intuitiv. Das Groteske, Lächerliche, Banale und Absurde kondensiert er auf hintersinnige und augenzwinkernde Weise lustvoll in unterschiedlichsten Medien. Neben Zeichnungen, Collagen, Malerei, Skulpturen und Installationen zeugen insbesondere seine seit 2005 im Eigenverlag herausgegebenen *Lasermagazine* von seinem eruptiven Schaffensdrang. Spontane Gedanken zu gesellschaftlichen und politischen Themen übersetzt er in skurrile und witzige Wort- und Zeichenbotschaften, die von entwaffnender Direktheit sind. Die Verheissung versprechende Scheinwelt des Glamours überführt er dabei in hintergründige Bild- und Textzitate. Die Banalität des alltäglichen Lebens wird ebenso wenig ausgeklammert wie Dramen der politischen Agenda. Sein Material stöbert Beni Bischof in der Trivialliteratur, in Modezeitschriften, der Werbung oder in der virtuellen Welt auf. Er entzaubert den edlen Schein der vermeintlichen Exklusivität und zeichnet ein abgründiges Bild der Gesellschaft.

In *Texte 1* vereint Beni Bischof eine überbordende Sammlung von Headlines, Slogans, Witzen, Junk-Mails, Lyrics, filmischen Dialogszenen, Lebensweisheiten und vielem mehr. Es ist die momentane Auswahl und zugleich subjektive Quintessenz seines über Jahre geäufneten Textarchivs. Die gewählte Ausgabeform ist das Taschenbuch, das sich in der grafischen und typografischen Gestaltung von Cover und Inhalt sowie in der Wahl von Papier und Schrifttyp an das klassische Suhrkamp-Sachbuch anlehnt. Das Cover besticht durch die gelbe Neonfarbe und setzt durch die hohe Leuchtkraft einen grellen Akzent. Ein markanter Satzspiegel prägt die Gestaltung im Inhalt: schmal oder breit gesetzte Textblöcke bzw. Einzeiler, grosser Leerraum zwischen den Textpassagen. Daraus resultiert eine Abfolge grafisch unterschiedlich gewählter Ausrichtungen im Satz: Zeilen und Absätze werden wie wahllos, zufällig linksbündig, zentriert, bündig im Block oder auslaufend flatternd gesetzt. Einzeiler und kurze Statements, wie z.B. Headlines oder Witze, erscheinen manchmal zentriert und solitär, zuweilen gar alleine auf einer Seite bzw. einer Doppelseite. Folgen Design und Typografie dem vertrauten sachlichen Stil der Wissenschaftsreihe, überwindet die wilde Setzung des Inhalts deren einheitlich-strenge Gestaltung.

Diesen Inhalt bestimmen Zitate, die vornehmlich dem World Wide Web entnommen sind: Slogans aus der Welt des Marketings wie Marken- oder Standortwerbung, Headlines von Newsportalen der internationalen Tagespresse, dumme Witze und derbe Sprüche, Junk-Mails, wie sie unerwünscht massenhaft das elektronische Postfach blockieren, Song-texte von Rocklegenden, knappe Dialogszenen aus dem Kanon der Filmgeschichte, geschliffene Aphorismen oder kitschige Liebesgedichte. Unverändert und ohne Quellennachweise werden die zitierten Zeilen konsequent in der vorgefundenen Sprache, in Englisch oder Deutsch, mit sichtbaren Schreib- und Grammatikfehlern wiedergegeben. Ihre Abfolge gehorcht nicht einem nachvollziehbaren und bewussten System, sondern ergibt sich rein zufällig und erscheint thematisch buntgemischt. Die offene Struktur der textlichen Anordnung mit den frei angeordneten, isolierten Passagen gibt keine lineare Lesart vor und vermittelt keine fortlaufende Erzählung.

Beni Bischof hat mit *Texte 1* ein einzigartiges Künstlerbuch geschaffen, das sich von seinen bisherigen Publikationen, insbesondere von den *Lasermagazinen*, deutlich absetzt, da er sich auf das Medium Text beschränkt. Die Verdichtung der Themen, wie sie hier vorliegt, prägt sein bildnerisches Schaffen insgesamt. Es zeichnet sich durch eine permanente Überreizung im wilden Durcheinander von Text- und Bildzitaten aus, welches die Sehgewohnheit der Betrachtenden strapaziert. Beni Bischof entwickelt seine künstlerische Arbeit in gewissem Sinn aus dem Hinterhalt, wie er selbst wiederholt anmerkte, was sich direkt auswirkt. Sein intuitives Vorgehen, sein permanentes Absorbieren der ihn umgebenden Welt basiert auf einer Strategie, die vor allem im ungezügelten

Zusammenspiel von höchst unterschiedlichem Quellenmaterial sichtbar wird. Es sind eben diese Zitate aus dem Textarchiv, die als unmittelbare Inspiration für neue Werke auch in anderen Medien dienen. Mit untrüglichem Gespür übersetzt Beni Bischof unterschiedlichste massenmediale Impulse in pointierte zeitgenössische Kunst. Ohne Umwege über Skizzen und Entwürfe entwickelt sich das Schaffen ebenso fliessend wie eruptiv aus den Zitaten und schlägt sich – euphorisch und aggressiv zugleich – in seiner ausufernden Bildwelt, in Gemälden und Installationen, nieder.

Beni Bischofs Bildwelt handelt vom prallen Leben, von Jubel und Miseren, von Verwirrtheit und Burlesken, die er allesamt lustvoll in schwärzesten Tönen fabulierend in Bild- und Textarbeiten schildert. Sie lassen uns selbst immer wieder im wahrsten Sinne des Wortes über die eigenen Unzulänglichkeiten stolpern. Mit *Texte 1* erlaubt er uns nun erstmals, einen Blick in seine unerschöpfliche Textsammlung zu werfen, und lädt uns alle ein, genüsslich darin zu schmökern.

Nadia Veronese
Beni Bischof. Texte 1
Keep Calm and Call Batman

Beni Bischof (*1976 Widnau) works unrestrainedly and intuitively. He playfully condenses the grotesque, ridiculous, banal, and absurd in a cryptic and ironic manner using a wide variety of media. In addition to drawings, collages, paintings, sculptures, and installations, his self-published magazine *Lasermagazin*, which has appeared since 2005, attests to his eruptive creative drive. He translates spontaneous thoughts on social and political topics into bizarre and comical messages in words and symbols of disarming immediacy. At the same time, he transports the promising, illusory world of glamour into subtle quotations of pictures and text that neither disregard the banality of everyday life nor the dramas of the political agenda. Beni Bischof finds his material in cheap novels, fashion magazines, advertisements, and the virtual world. He breaks the precious illusion of supposed exclusivity and presents an abysmal view of society.

In *Texte 1*, Beni Bischof assembles an abundant collection of headlines, slogans, jokes, spam e-mails, lyrics, movie dialogue, maxims, and much more. It is a momentary selection and at the same time a subjective quintessence of his archive of texts that have accumulated over many years. He has chosen to publish them in a paperback book whose cover and pages recall the typography and graphic design as well as the paper and fonts of non-fiction books like those published by Suhrkamp. The radiant neon yellow cover offers a captivatingly garish sight. The print space of the book's pages is strikingly designed, with narrow blocks of text or wide single lines, and large empty spaces between the passages. The result is a succession of various approaches to page layout: lines and paragraphs are typeset as if at random, whether left-justified, centered, justified, or unjustified. Single lines and short statements such as headlines and jokes sometimes appear centered and solitary, and are sometimes even isolated on a single page or double-page spread. While the design and typography follow the familiar, sober style of serial academic publications, the haphazard page layout overpowers the uniformly strict design.

The pages are dominated by quotations that are mainly taken from the World Wide Web: slogans from the world of marketing such as advertisements for brands and destinations, headlines from the websites of international daily newspapers, dumb jokes and coarse remarks, unwanted spam e-mails that inundate inboxes, lyrics by rock legends, short scenes of dialogue from the canon of film history, polished aphorisms, and kitschy love poems. Unaltered and without reference to their origins, the quoted lines are consistently reproduced in their original language, whether English or German, with visible spelling and grammatical mistakes. Their order does not follow any comprehensible, conscious system, but presents a purely random assortment of subject matter. The open structure of the arrangement of the texts with their freely arranged, isolated passages does not specify a linear approach to reading, nor does it convey a continuous narrative.

With *Texte 1*, Beni Bischof has created a unique artist's book that contrasts markedly with his previous publications, especially *Lasermagazin*, since he limits himself to the medium of text. The condensing of topics is characteristic of his artworks in general. It is marked by an unrelenting overstimulation in the chaos of quoted texts and images which strains the viewer's visual habits. As he has repeatedly remarked, in a sense Beni Bischof develops his oeuvre as an ambush, the effect of which is directly felt. His intuitive approach, his constant absorbing of the surrounding world is based on a strategy that becomes evident especially in the unbridled interplay of extremely diverse source material. These very quotations from his archive of texts directly inspire new works even in other media. With an infallible intuition, Beni Bischof translates wildly diverse influences from mass media into pointed contemporary art. Without making detours through sketches or drawings, his work develops fluidly and explosively out of the quotations and is expressed—euphorically and aggressively at the same time—in his chaotic world of images, in paintings and installations.

Beni Bischof's pictures depict life in all its joy and misery, confusion and burlesques, which he playfully portrays in the blackest of tones in fantastical pictures and texts. They continually confront us with our own inadequacies. With *Texte 1*, for the first time he offers us a glimpse of his inexhaustible collection of texts and invites us all to enjoy browsing through them.

Beni Bischof
Biografie / Biography

1976
Geboren / Born in Widnau
Lebt und arbeitet / Lives and works in St.Gallen und / and Widnau

Preise und Stipendien / Awards and Grants

2005, 2008, 2009
Werkbeitrag des Kantons St.Gallen

2006, 2014
Atelier-Stipendium des Kantons St.Gallen (Rom)

2009, 2010
Swiss Art Award, Eidg. Wettbewerb für Kunst

2009
Swiss Caps Art Award, Kirchberg

2012
Ausbeute Kunstpreis, Rapperswil

2012
Förderpreis der Stadt St.Gallen

2014
Goldiga Törgaa / Kunstpreis der Rheintaler Kulturstiftung

2015
MANOR Kunstpreis St.Gallen

Einzelausstellungen / Solo Exhibitions

2007
Beni Bischof, Kunstraum «Schalter», Basel

2008
Beni Bischof. Terror Büro 3000 – get close and shoot, Le-lieu, Palais Bleu, Trogen

2009
Beni Bischof. No, Muro Gallery, Geneva
Beni Bischof, Guerilla Galerie, St.Gallen

2010
Swiss Art Awards, Basel
Beni Bischof. Dumm Schauen und Kekse fressen, Kunst Halle Sankt Gallen, St.Gallen
Beni Bischof. Dark Splendour, Milieu Artspace / Galerie, Berne
Beni Bischof. Euphorie kann man nicht essen, Sommer & Kohl, Berlin

2011

Beni Bischof. ego ego denner colgate denner ego shell shell agip mars rider dash, The Institute of Social Hypocrisy, Paris
Beni Bischof. No Longer Pie in the Sky, Fumetto – Internationales Comix-Festival, Lucerne
Beni Bischof. Ghettofaust, Galerie Nicola von Senger, Zurich
Beni Bischof, Flippy – Shop, o.T. Raum für aktuelle Kunst, Lucerne (with Sara Masüger)
Beni Bischof. Dude I dunno why ..., Galerie Paul Hafner, St.Gallen (with Hadrien Dussoix)

2012

Beni Bischof. (Bad) Habits, Sommer & Kohl, Berlin
Beni Bischof. Rambo II, Milieu Artspace / Galerie, Berne

2013

Beni Bischof. Playful Subversion, Galerie Rupert Pfab, Dusseldorf

2014

Beni Bischof. me, myself & I, Tableau Zurich, Kunst im öffentlichen Raum, Zurich
Beni Bischof. Silly to the max, Kunsthalle São Paulo
Beni Bischof, Sommer & Kohl, Liste Art Fair, Basel
Beni Bischof. Banane, Brot, Feuer, Hauser Gallery, Zurich
Beni Bischof. Greatest Hits Vol.1.0, Galerie Nicola von Senger, Zurich
Beni Bischof. I'm your veterinarian, Sommer & Kohl, Berlin

2015

Beni Bischof. MANOR-Kunstpreis 2015, Kunstmuseum St.Gallen

Gruppenausstellungen / Group Exhibitions

2008

Ausgezeichnet. Eine Ausstellung rund um die Werkbeiträge des Kantons St.Gallen, Regierungsgebäude St.Gallen
Swiss Art Awards, Basel

2009

Swiss Art Awards, Basel
Queerscapes, Cabaret Voltaire, Perla-Mode, Zurich
Kunstgriff, Art Books Store, Zurich
Deconstructing Tahiti Flimmer, Cabaret Voltaire, Zurich
Printed Matter, Fotomuseum Winterthur
Paper Moon, Sommer & Kohl, Berlin
small talk, Galerie Paul Hafner, St.Gallen
Zine Sezession, Perla Mode, Zurich

2010

Paper! Awesome!, Bear Ridgeway Exhibitions, San Francisco

Ich Tier! (Du Mensch). Du Tier! (Ich Mensch), Perla-Mode, Dienstgebäude, Zurich
We redefine when we come of age 1976–1987, Elsinore Culture Center
Retour vers le futur, CAPC Musée d'art contemporain de Bordeaux
Next Generation. Einblicke in junge Ostschweizer Privatsammlungen, Kunstmuseum St.Gallen
Monochrome, Galerie Lange & Pult, Zurich
Liste Art Fair, Basel (with Paul McDevitt)
Vor Gott ist alle Kunst scheisse, Boutique Raum für temporäre Kunst, Cologne
Zeichnen, Milieu Artspace, Berne
Wallpower, Claudia Groeflin Galerie, Zurich
Antifoto, Kunstraum Düsseldorf
Wir Manager! Alles im Griff. Die Ausstellung zum Phänomen, Vögele Kultur Zentrum, Pfäffikon

2011

Quite Black on the Western Front but the Sun is still at the Horizon and worries about the Foam, Salts, Birsfelden
Micro Salon #1, L'Inlassable Galerie, Paris
RAL 7021 eine magnifique Reportage!, Barbara Seiler, Zurich
Space Oddity, CCA Andratx Art Foundation, Mallorca
Beni Bischof, Georg Gatsas. Trash Bar, Katharinen, St.Gallen
Mythos und Wirklichkeit. Bildzyklen aus den Beständen der Graphischen Sammlung von der Renaissance bis zur Gegenwart, Museum zu Allerheiligen, Schaffhausen
Purismus und Opulenz. Objekte und Installationen, Stiftung akku, Emmenbrücke
Meine Füsse gehen lieber aus der Zeit, K3 Project Space, Zurich
Ghettofaust II, The Fourth Moscow Biennale of Contemporary Art (with Cabaret Voltaire), Moscow

2012

Schranz Contemporary, Hinterhof Offspace Basel
TLK DRTY, Amstel 41, Amsterdam
Ausgezeichnet. Werkbeiträge des Kantons St.Gallen, Museum Bickel, Walenstadt
Death Can Dance, Townhouse, Zurich
Junge Menschen, Fotomuseum Winterthur
Shine On You Crazy Diamond, Kunstverein Zürich, Wäscherei, Zurich
INSIGHT, Venice Beach, Los Angeles
Sensual Dome, Self Service Open Art Space, Stuttgart
La jeunesse est un art. Jubiläum Manor Kunstpreis 2012, Aargauer Kunsthaus, Aarau
Sangallensia IV, Galerie Christian Roellin, St.Gallen

Ausbeute. Regionales Kunstschaffen, Kunst(Zeug)Haus Rapperswil
Jusqu'ici tout va bien, Oslo 10, Basel
Heimspiel 2012. Kunstschaffen aus AR, AI, SG, TG, FL und Vorarlberg, Kunsthalle St.Gallen
The Responsible Artist, PASAJist, Open Art Space, Istanbul
Dummheit, Tom Bola, Zurich

2013

Behaglich ist anderswo. Werke aus der Sammlung, Kunstzeughaus Rapperswil
Concrete. Fotografie und Architektur, Fotomuseum Winterthur
ART Rotterdam, Rotterdam
Talk to the Hand, Helmhaus, Zurich
Swiss Art Awards, Basel
I'm Your Neighbour!, Bromer Art Collection, Roggwil
Let's invent a language to narrate my story, andata.ritorno, Geneva / Dienstgebäude, Zurich
New York Art Book Fair. Swiss Focus, Moma PS1, New York.
Left eye, right eye, V8, Plattform für Neue Kunst, Karlsruhe
Learning from Warsaw, Museum Bärengasse, Zurich
Catch of the Year, Dienstgebäude, Zurich
Ruhe-Störung. Streifzüge durch die Welten der Collage, Museum Marta Herford / Kunstmuseum Ahlen

2014

LA RÉPUBLIQUE, medio tutissimus ibis, Villa du parc, centre d'art contemporain, Annemasse
Surfaces – Neue Fotografie aus der Schweiz, Fotomuseum Winterthur
The Age of Collage, Feinkunst Krüger, Hamburg
Micro Salon #4, L'Inlassable Galerie, Paris
Drive the Change, 100plus, Zurich
Art Cologne. 48. Internationaler Kunstmarkt, mit Galerie Rupert Pfab (Dusseldorf), Cologne
Tell Me What I See, When I Look Into Your Eyes, Bolte Lang, Zurich
6. f/stop Festival für Fotografie, Leipzig
OK Great THANKS this is SO RIDICULOUS, ACME, Los Angeles
OK Great REALLY this is ALSO RIDICULOUS, DCKT Contemporary, New York
Elementare Malerei, Kunstmuseum St.Gallen
Associations New, Salts, Basel
Catch of the Year, Dienstgebäude, Zurich

Bibliografie / Bibliography

Kataloge Einzelausstellungen, Monografien, Künstlerbücher / Catalogues of Solo Exhibitions, Monographs, Artist books

2008

Beni Bischof. Shelters and Flowers, Zurich
Beni Bischof. Zine Sezession, exh. cat., Perla mode, Zurich

2009

Beni Bischof. E: Malheft, Zurich

2011

Beni Bischof. Cillit Bang, Dash, Omo and Friends, Zurich
Beni Bischof. Like Stupidity, Evil Is Self Hypnotic, What?, Paris
Beni Bischof. No More Pie in the Sky, Zurich

2012

Beni Bischof. Zeichnungen für das Burgtheater 2009–2012, Burgtheater Wien, Vienna
Hot Avantgarde HotHot, exh. cat., Oslo10, Basel
Poesie des Alltags, An assortment of 686 web pictures, St.Gallen

2014

Beni Bischof. Psychobuch, Zurich

Kataloge (Gruppenausstellungen) und weitere Publikationen (Auswahl) / Selected Catalogues of Group Exhibitions and other Publications

2011

Wir Manager! Martin Heller, Gesa Schneider (eds.), exh. cat., Vögele-Kultur Zentrum, Pfäffikon, Zurich, pp. 49, 79

2012

Purismus und Opulenz: Objekte und Installationen, exh. cat., Akku Kunstplattform, Emmenbrücke, pp. 1, 4, 5, text by Natalia Huser
Junge Menschen, Thomas Seelig (ed.), exh. cat., Fotomuseum Winterthur, Winterthur, s.p.
La jeunesse est un art. Jubiläum Manor Kunstpreis 2012, Madeleine Schuppli (ed.), exh. cat., Aargauer Kunsthaus Aarau, Lucerne, pp. 17, 22, 26, 76–81, 282, text by Marianne Wagner

2013

Architektur im Würgegriff der Kunst, Nele Dechmann, Nicola Ruffo (eds.), Zurich, pp. 7–17, text by Daniel Morgenthaler

Concrete. Fotografie und Architektur, Daniela Janser, Thomas Seelig, Urs Stahel (eds.), exh. cat., Fotomuseum Winterthur, Zurich, pp. 159

2014
Ruhe-Störung – Streifzüge durch die Welten der Collage, Burkhard Leismann, Roland Nachtigäller (eds.), exh. cat., Marta Herford Museum / Kunstmuseum Ahlen, Bönen, pp. 42, 82–83, 87
Surfaces – Neue Fotografie aus der Schweiz, Thomas Seelig, Daniela Janser (eds.), exh. cat., Fotomuseum Winterthur, Winterthur

Zeitungsartikel (Auswahl) / Selected Reviews

2008
Ursula Badrutt Schoch: «Fanatisches Büro im Keller», in: *Tagblatt*, St.Gallen, December 23, 2008

2009
Hanspeter Spörri: «Beni Bischof. Geld und Zorn», in: *Obacht Kultur*, Appenzell, Sonderausgabe, 2/2009, p. 12
Florence Ritter: «No face, no problem: Beni Bischof», in: *KINKI Magazine*, Zurich, no. 13, April / May 2009, pp. 22–23
Jack Lowe: «feature Beni Bischof», in: *HUH Magazine*, London, December 30, 2009

2010
Max Küng: «Jungmeister des Absurden», in: *Das Magazin*, Zurich, No. 32, July 20, 2010, pp. 20–23
Ursula Badrutt Schoch: «Mit Unsinn gegen Unsinn», in: *artline Kunstmagazin*, Freiburg, 9 / 2010, p. 14
Burkhard Meltzer: «Beni Bischof», in: *Kunstbulletin*, Zurich, 10 / 2010, pp. 74–75
Ursula Badrutt Schoch: «Beni Bischofs grosser Auftritt», in: *Der Rheintaler*, Berneck, August 18, 2010
Ursula Badrutt Schoch: «Darmwindung statt Drama», in: *St.Galler Tagblatt*, St.Gallen, August 24, 2010
Capricious Magazine, Being Fashion, New York, September 2010, no. 11, photographs by Beni Bischof

2011
Daniel Morgenthaler: «Beni Bischof – ‹Meine Arbeiten sind auch meine Freunde› », in: *Kunstbulletin*, Zurich, 4 / 2011, pp. 24–31
Michael Hannwacker: «Artists / Focus: Der grosse Augenblick!», in: *Artinvestor*, April 2011
Burkhard Meltzer: «About the ‹Ghettofaust› – Exhibition at Nicola von Senger Gallery», in: *frieze Magazine d/e*, Berlin, Winter 2011/2012, no. 3

2012
Markus Ebner: «Sepp is not related to that Sepp», in: *Sepp Magazine*, Berlin, May 21, 2012
Saiten, St.Gallen, May 2012, no. 212, illustrations by Beni Bischof, pp. 1, 5, 9, 12, 15, 16, 20, 22, 25, 29

2013

«Die Bilder der Woche. Achtung Kunst!», in: *art Das Kunstmagazin*, Hamburg, February 8, 2013

Sven Behrisch: «Kunstverehrung im Jahr 2013», in: *Das Magazin*, Zurich, March 22, 2013, illustrations by Beni Bischof, pp. 8, 9, 11, 12

Paulina Szczesniak: «Hand anlegen», in: *Tagesanzeiger*, Zurich, May 13, 2013

Peter Surber, Andreas Kneubühler, René Hornung: «Rappen spalten statt Zukunft gestalten», in: *Saiten*, St.Gallen, June 2013, no. 224, illustrations by Beni Bischof, pp. 42–47

Capricious Magazine, Masculine, New York, July 2013

2014

Kaspar Surber: «Hallo Welt, hier kommt das Psychobuch», in: *WOZ*, Zurich, June 5, 2014

Christina Genova: «Der ernste Hofnarr», in: *St.Galler Tagblatt*, St.Gallen, July 4, 2014

Ewa Hess: «Bischofs Monster», in: *SonntagsZeitung*, Zurich, July 29, 2014

Justine Chassé-Dumont, «Pressed Special: Psychobuch – Beni Bischof», in: *Lodown Magazine*, Berlin, September 16, 2014

Lasermagazin, publiziert seit / published since 2005

«Pictures for People», Issue 1, 2005

«Pictures for People», Issue 2, 2006

«Kick an Rush», Issue 3, 2007

«Roma», Issue 4, 2007

«Waffen und Blumen», Issue 5, 2007

«One Chew Free Far», Issue 6, 2007

«Real Balance», Issue 7, 2007

«Augen und Linien», Issue 8, 2007

«No Issue», Issue 10, 2007

«Starblack», Issue 12, 2008

«The Bodytower», Issue 13, 2008

Untitled, Issue 14, 2008

«Seychellen Palme», Issue 15, 2008

«Dorfthorsten», Issue 16, 2008

«A Healthy Mind But Deadly Injured», Issue 18, 2008

«Analyse Paradise», Issue 19, 2008

«Canes Canem Edit», Issue 20, 2008

«Mission im Wald», Issue 21, 2008

«Explosions»,
Issue 22, 2008
«N-F-N-P»,
Issue 23, 2008
«Portraits Nr. 1»,
Issue 24, 2008
«Dogs in the Dark / Pantomia I»,
Issue 25, 2008
«Added New Protection /
Bricked Castles»,
Issue 26, 2008
«Melting Shelters / Phantomia II»,
Issue 27, 2008
«The Forrest in the Castle /
Phantomia III»,
Issue 28, 2008
«Trees with Teeth / Phantomia VI»,
Issue 29, 2008
«Phantomia I, II, III, VI»,
Issue 32, 2008
«S.B.D. / Stray Black Dog»,
Issue 33, 2008
«Bad Moments 1»,
Issue 34, 2008
«Dogs in the Castle»,
Issue 35, 2008
«Good Years»,
Issue 36, 2009
«nervöse Typen»,
Issue 37, 2009
«M.E.A. / Mysterious
Extraterrestrial Activities»,
Issue 38, 2009
«Bad Moments 2»,
Issue 39, 2009
«Oszillation 2»,
Issue 40, 2009
«Oszillation»,
Issue 41, 2009
Untitled,
Issue 42, 2009
Untitled,
Issue 43, 2009
«Explosionen und andere
Erscheinungen»,
Issue 44, 2009
«F.Y.»,
Issue 50, 2012
«Added New Protection / Bricked
Castles II»,
Issue 51, 2012
«Sausage Power»,
Issue 52, 2012
«Fotos aus dem Archiv»,
Issue 53, 2012
«Fuck You»,
Issue 54, 2013

Dieses Buch erscheint anlässlich der Ausstellung /
This book was published in conjunction with the exhibition

Kunstmuseum St.Gallen
Beni Bischof
MANOR-Kunstpreis 2015 St.Gallen
14. Februar – 21. Juni 2015

Kuratiert von / Curated by: Nadia Veronese

Kunstmuseum St.Gallen
Direktor / Director: Roland Wäspe
Kuratoren / Curators: Konrad Bitterli, Nadia Veronese,
Matthias Wohlgemuth
Geschäftsführung / Executive Management: Nadia Veronese
Wissenschaftliche Mitarbeit / Scientific Assistance: Céline Gaillard
Kunstvermittlung/Art Education: Claudia Hürlimann,
Daniela Mittelholzer
Öffentlichkeitsarbeit / Public Relations: Irina Wedlich
Koordination / Coordination: Elfgard Sedleger,
Samuel Reller, Claudia Stucki
Technik / Technical Staff: Urs Burger, Carina Kirsch
und / and Team

KUNST
MUSEUM
ST.GALLEN

Kunstmuseum St.Gallen
Museumstrasse 32
CH–9000 St.Gallen
www.kunstmuseumsg.ch

Das Kunstmuseum St.Gallen wird institutionell gefördert /
The Kunstmuseum St.Gallen is supported by Stadt St.Gallen,
Kanton St.Gallen, Ortsbürgergemeinde St.Gallen,
Kunstverein St.Gallen und / and Notenstein Privatbank.

Ausstellung und Publikation wurden realisiert aus Anlass der
Vergabe des MANOR-Kunstpreises 2015 an Beni Bischof. /
The exhibition and publication mark Beni Bischof's receipt
of the MANOR-Kunstpreis 2015.

Jury des MANOR-Kunstpreises St.Gallen / Jury of the MANOR-Kunstpreis St.Gallen: Pierre-André Maus, Genf; Chantal Prod'Hom, Lausanne; Dr. Theodora Vischer, Basel; Hansruedi Voser, St.Gallen; Bernard Tagwerker, St.Gallen.

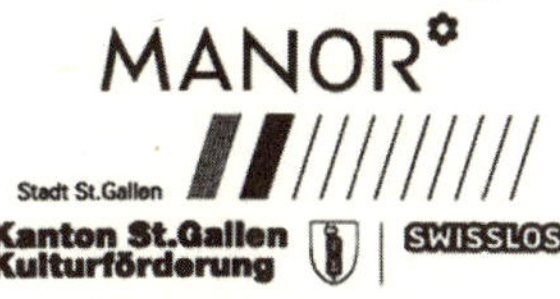

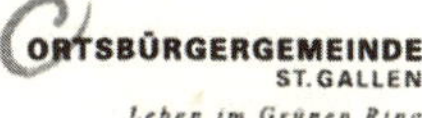

KUNST
VEREIN
ST.GALLEN

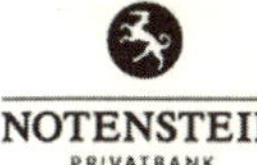

Künstlerbuch / Artist book

Herausgeberin / Editor: Nadia Veronese
Konzept / Concept: Beni Bischof
Gestaltung / Design: Samuel Bänziger
Text / Text: Nadia Veronese
Korrektorat / Proofreading: Matthias Wohlgemuth
Übersetzung / Translation: Anthony De Pasquale
Verlag / Publisher: Edition Patrick Frey
Druck und Verarbeitung /
Printing and binding: Druckhaus Nomos
Papier / Paper: Pamo Super
Umschlag / Cover: Peydur
Schrift / Font: DTL Elzevir
Auflage / Number of Copies: 1000

Vertrieb / Distribution:
Switzerland:
AVA Verlagsauslieferung
CH-Affoltern am Albis
www.ava.ch

Germany, Austria:
GVA Gemeinsame Verlagsauslieferung
D–Göttingen
www.gva-verlage.de

France, Luxembourg, Belgium:
Les presses du réel, F–Dijon
www.lespressesdureel.com

United Kingdom:
Antenne Books, GB–London
www.antennebooks.com

Japan:
Marginal Press, JP–Tokyo
www.marginal-press.com

Rest of the world:
Edition Patrick Frey, CH–Zurich
www.editionpatrickfrey.com

Edition Patrick Frey

Edition Patrick Frey
Limmatstrasse 268
CH–8005 Zurich
www.editionpatrickfrey.com

Erste Ausgabe / First Edition
ISBN 978-3-905929-82-9

Dank / Acknowledgements: Samuel Bänziger,
Hans-Ruedi Beck, Urs Burger, Patrick Frey,
Andrea Kempter, Stephanie Rebonati,
Nadia Veronese, Roland Wäspe.